"十三五"江苏省高等学校重点教材（编号：2018-2-170）

民宿运营与管理

（第2版）

主　编　洪　涛　苏　炜
副主编　姚建园　汝勇健　陈　瑶
参　编　纪文静　张玉艳　郭小东

北京·旅游教育出版社

图书在版编目（CIP）数据

民宿运营与管理 / 洪涛，苏炜主编. -- 2版. -- 北京：旅游教育出版社，2023.6（2025.1重印）

ISBN 978-7-5637-4564-7

Ⅰ. ①民… Ⅱ. ①洪… ②苏… Ⅲ. ①旅馆－经营管理－教材 Ⅳ. ①F719.2

中国国家版本馆CIP数据核字(2023)第088602号

民宿运营与管理
（第2版）

洪涛 苏炜 主编

责任编辑	郭珍宏
出版单位	旅游教育出版社
地　　址	北京市朝阳区定福庄南里1号
邮　　编	100024
发行电话	（010）65778403　65728372　65767462（传真）
本社网址	www.tepcb.com
E - mail	tepfx@163.com
排版单位	北京旅教文化传播有限公司
印刷单位	天津雅泽印刷有限公司
经销单位	新华书店
开　　本	787 毫米 ×1092 毫米　1/16
印　　张	12.75
字　　数	211 千字
版　　次	2023 年 6 月第 2 版
印　　次	2025 年 1 月第 3 次印刷
定　　价	55.00 元

（图书如有装订差错请与发行部联系）

前言

民宿作为一种旧乡愁和新乡土相结合的产物,被称为有温度的住宿、有灵魂的生活。随着我国乡村旅游市场的日益繁荣,民宿成为很多都市人出行的住宿选择。为满足我国民宿人才培养需要,本教材编写团队立足民宿产业发展前沿,完成并修订了《民宿运营与管理》教材。

《民宿运营与管理》作为"十三五"江苏省高等学校重点教材,在编写过程中体现了三大特色:第一,充分体现了"产教融合"特点。本教材编写团队由南京旅游职业学院酒店管理专业具有丰富的实践和教学经验的"双师型"教师以及民宿业资深运营专家组成,团队成员深入莫干山、阳朔、丽江等民宿产业集聚地区进行充分调研,深度把脉我国民宿业发展,致力于提供民宿业运营管理有效方案。第二,系统、全面建构了民宿运营和管理的知识和能力体系。根据民宿发展对人才素质结构的要求,本教材从宏观、中观、微观三个层面梳理了民宿投资、运营和管理的工作任务,融入创新创业思维,融合民宿的互联网、共享经济发展背景,涵盖了行业最新的 IP 营销技术,实现了知识点的全覆盖性和行业引领性。第三,教材编写具有可读性、趣味性。本教材汇编了大量最新典型、鲜活的民宿经营案例,从民宿主、消费者不同维度对民宿进行了解读,并链接了国内外民宿发展历史、相关政策、社会热点,可满足不同层次人员的需要;同时教材结合信息化教学的需求,开发了系列在线课程[①],便于教材使用者在线自主学习。

本教材兼顾院校教学和行业实用人才培养的需求,适用于作为高校酒店管理专业、旅游管理专业、休闲服务与管理专业教材,也可作为民宿经营者、乡村旅游基层管理者培训教材。总教学时数建议为 36 学时,教材的内容对接民宿运营的数字化技术,贯穿了民宿准备—投资开发—经营的全过程,具体包括:认识民宿、民宿的选址与设计、民宿投资收益风险评估与筹资、民宿的设立、民宿产品开发、民宿的接待、民宿的日常管理、民宿数字化营销等。

本教材由洪涛博士、苏炜博士主编,南京旅游职业学院姚建园、汝勇健、陈瑶、纪文静、张玉艳、郭小东老师参与编写。编写团队囊括了全国高职院校民宿管理与运营专业教学标准研制组副组长、全国等级旅游民宿评定专家等多名民宿运营与专业教学人员。洪涛架构本书逻辑体系,并确立主体内容,全书由洪涛、苏炜修改、统稿、定稿。

---

① https://www.icve.com.cn/portal_new/courseinfo/courseinfo.html?courseid=zbj1aakvyypiqolzdy26q#10006-weixin-1-52626-6b3bffd01fdde4900130bc5a2751b6d1

同时，要特别感谢国内的多家知名民宿的民宿主和工作人员给予的大力支持，正是他们的帮助，才使本书出版成为可能。

民宿，作为诗和远方结合的产物，不仅仅是住宿创新业态，也是展现我国乡村魅力，提升乡村文化竞争力的重要载体。相信这本凝结着理论界和民宿业界共同研究成果的教材，一定会为我国民宿业的健康与蓬勃发展增添活力。

编者

2023 年 6 月

目录

模块一　认识民宿 ··· 001
项目一　民宿概述 ·· 003
项目二　民宿的起源与发展 ·· 008
项目三　民宿的类型 ··· 015

模块二　民宿的选址与设计 ·· 021
项目一　民宿选址 ·· 023
项目二　民宿设计 ·· 029

模块三　民宿投资收益风险评估与筹资 ····································· 038
项目一　民宿投资收益评估 ·· 040
项目二　民宿投资风险评估 ·· 050
项目三　民宿投资资金筹集 ·· 055

模块四　民宿的设立 ··· 063
项目一　民宿的组织结构 ··· 064
项目二　民宿的工作岗位设置及职责 ·· 067
项目三　民宿的人员配备和安排 ·· 077

模块五　民宿产品开发 ·· 084
项目一　民宿产品的概念及分类 ·· 085

项目二　民宿产品开发策略 ·· 090
　　项目三　民宿活动策划 ·· 099

模块六　民宿的接待 ·· 107
　　项目一　民宿的前台接待服务 ······································ 108
　　项目二　民宿的客房服务 ·· 113
　　项目三　民宿的餐食服务 ·· 119
　　项目四　民宿的其他服务 ·· 126

模块七　民宿的日常管理 ·· 135
　　项目一　民宿清洁保养管理 ··· 136
　　项目二　民宿的物资管理 ·· 158
　　项目三　民宿的安全管理 ·· 166

模块八　民宿数字化营销 ·· 175
　　项目一　民宿市场定位与品牌传播 ······························· 177
　　项目二　民宿营销渠道 ··· 185
　　项目三　民宿数字化客户关系管理 ······························· 189

参考文献 ··· 196

模块一　认识民宿

【案例导入】

浙江省白金级民宿——昱见·昱栈

图 1-1　昱栈外观

　　浙江省金华市兰溪昱见·昱栈民宿，定位为轻奢民宿，于2016年1月正式营业。整个民宿分为两楼，房间按中国十二节气来命名，每间房间的布局都不一样。

　　古朴的走廊、木质的地板，处处彰显着这里的安静祥和。推开木门，怀旧的味道扑面而来，让人的身心不自觉地舒缓下来。

　　在昱栈，你可以做任何轻松的事情。泡一壶香茗，看淡淡的热气飘散在房间内。点一支蜡烛，在夜晚安静阅读，让思绪沉淀下来，化作挣脱俗尘的自由身，享受难得的雅致。

　　入睡昱栈，邂逅最美风景。昱见·昱栈所处的诸葛八卦村，是国家4A级风景旅游区，迄今为止，已经历经600余年的历史。村内结构精巧，古色古香，各种古建筑弥漫着文化的气息。走在村中，仿佛梦回千年，回到那个淳朴简单的年代。

而昱栈猪掌柜（因姓朱而得此名）更是一位极有情怀的文化人、设计师，从高校教师走到室内设计，又从室内设计走到昱见·昱栈，专业而独到的视角体现在昱栈的每一处细节。2018年昱栈更是通过浙江省民宿评定委员会评估，列入浙江省首批白金级、金宿级民宿拟评定名单，相当于"酒店行业的五星级"。

思考："昱见·昱栈"为什么受到游客的推崇？民宿的魅力在哪里？

 **学习目标**

- 掌握民宿的定义及特点
- 了解民宿的起源
- 了解民宿的发展现状
- 了解民宿的类型
- 了解民宿的功能

【学习任务导图】

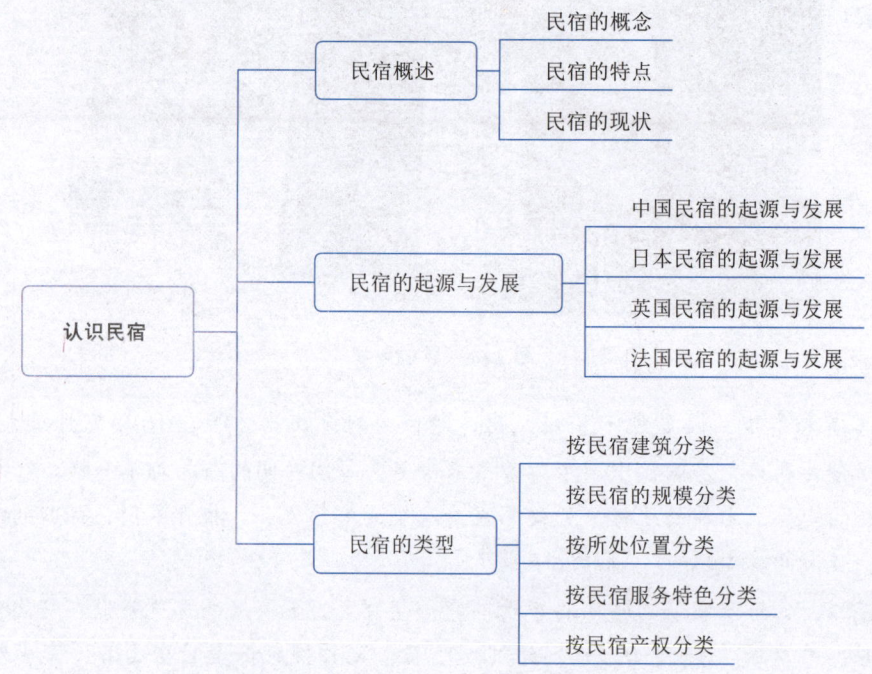

项目一　民宿概述

知识内容

近年来，民宿市场在我国逐步兴起，并成为外出旅游中的更多选择，年轻、高学历群体成为民宿的客源主体。与此同时，民宿在线预订平台纷纷崛起，国内民宿呈井喷式发展。

一、民宿的概念

民宿是指利用自用住宅空闲房间，结合当地人文、自然景观、生态、环境资源及农林渔牧生产活动，为外出郊游或远行的旅客提供个性化住宿场所。除了一般常见的饭店以及旅社之外，其他可以提供旅客住宿的地方，例如民宅、休闲中心、农庄、农舍、牧场等，都可以归纳成民宿类。民宿可以说是农家乐的精致版，通过地方政府统一管理，由民宿主人个体经营的一种模式，这种经营模式可以发动社区全民参与，其盈利效益非常可观。

（一）国家旅游行业标准定义

2019年，《旅游民宿基本要求与评价》（LB/T 065-2019）正式发布实施。2021年，文化和旅游部发布了该项标准的第1号修改单，对原标准进一步完善。该文件明确规定了旅游民宿的等级和标志、基本要求、等级划分条件、等级划分方法，并提出了旅游民宿的定义。2023年2月1日正式实施《旅游民宿基本要求与等级划分》国家标准（GB/T 41648—2022）。

旅游民宿是利用当地民居等闲置资源，经营用客房不超过4层、建筑面积不超过800m^2，主人参与接待，为游客提供体验当地自然、文化与生活方式的小型住宿设施[①]。此定义完全诠释了民宿有别于旅馆或饭店的特质，即民宿不同于传统的饭店旅馆，也许没有高级奢华的设施，但它能让人体验当地风情、感受民宿主人的热情与服务，并体验有别于以往的生活。

（二）其他定义

民宿多是经营者利用自有住宅空间，结合当地人文、自然景观、生态、环境资源和农林牧渔等生产活动，提供游客乡野生活的住宿场所，使游客得以体验当地的生活，与当地社区居民和环境形成互动关系。

民宿的服务内容包含普通的住宿餐饮，但强调如同在家中的自主性服务，服务人员

---

① 资料来源：《旅游民宿基本要求与评价》（LB/T 065-2019）。

多为经营者的家庭成员，具有浓厚的人情味和家庭温馨的感觉。民宿在装饰风格上千变万化，游客可根据自己的喜好自行选择喜欢的民宿入住。

深圳新旅民宿客栈发展研究中心高级顾问徐灵枝认为：民宿的概念很窄，但是民宿的范围可以很广，风景区、乡村、城市都可以发展民宿，但必须是"非标"，必须是单体"小而美"或"小而馨"或"小而趣"，必须是以"民"为主、以"宿"为基。民宿不一定孤立存在，不一定是大分散小集聚，但是必须适应游客容量；可以由市场调节，也可以人为干预。民宿可以接受资本，呼应资本的需求，但是民宿不应受资本牵制，更不能被资本左右。民宿必须以设计为主，设计是解决空间需要和节约成本的手段，不应一味追求设计感，而要追求应用性和美观性的结合。

广州市城市规划勘测设计研究院建筑设计四所所长张伟认为：民宿是一种倡导生活体验的经营模式，规模通常较小，通过建筑形式和空间营造上的地域文化表达、精致的服务理念以及理性的投资来获得持久回报。

【相关链接】

民宿与酒店的区别

民宿主人解读民宿[①]

过云山居　廖敏智：

民宿，不仅仅是旅游过程中酒店住宿的补充，应该说民宿是一个独立的业态，一个有故事、有心灵触动的业态。

安之若宿　子嫒：

很多人问，我家民宿为什么叫"安之若宿"，我想它拥有我对民宿的所有理解，小而精、小而美。我们的相遇，我们的融合，所有的一切，都只是顺应着自然，所以就自然地微笑向暖，安之若素吧。

肯派静姐家　静姐：

"这里首先是我们的家和手艺工作室，其次才是待客的民宿。"静姐把每天的时间分成三份：早上陪两个女儿；午间准备下午茶；晚上，无论多忙，她和丈夫龙哥都会抽空陪客人们喝茶聊天。这个民宿的大门总是锁上的，因为这并非一家任人来去的酒店；相反，客人们的房间很少上锁，大概是这里让他们有家一般的安全感吧！

---

① 资料来源：刘荣.民宿养成指南.江苏凤凰科学技术出版社，2018.

图 1-2　民宿外观

点评：主人在民宿空间中表达自己的审美喜好，以尽地主之谊，客人能在民宿中感受到家的温情，人与人之间产生有温度的关系。所谓有情怀的民宿，莫过于此。

二、民宿的特点

（一）个性特征张扬

从起源和本质上讲，民宿就是民居，就是老百姓的住宅。百姓分布各地，接受不同文化、不同风俗、不同传统、不同家教的熏陶，在选择和建设自己的住宅时，无不受到这些熏陶的影响，显得各具特色。此外，由于是民居，是老百姓自己的房子，较少受到来自各方面的干扰，所以，在选址、朝向、设计、用料、内饰、规模、体量等方面，都充分体现主人的意愿。

（二）文化特征明显

民宿是一种建筑，建筑是一种文化，是文化的物化表现形式之一。因此，民宿虽然个性化特征明显，但脱离不了当地文化的影响，在外观、建筑风格、内部设施等方面都能体现本土文化特色。

（三）平民特征突出

由于民宿是由老百姓的房子演变而来的，它的过去就是民居、民房。在没有"民宿"一说之前，即便是接待客人，也是属于"留宿""搭铺"性质，是行善事、做好事，没有多少商业性质的成分。正因为它不是以营利为目的，所以也不会刻意"打扮"，而是"我怎么住客人也怎么住"，以素颜待人，以本来面目待客。由这种民居脱胎而成的民宿，尽管有千变万化，但万变不离其宗，它的 DNA 是变不了的，它的平民化特征是变不了的。

（四）"乡愁"味浓厚

由于民宿历史痕迹明显，乡土气息浓厚，贴近甚至融入百姓生活。因此，很容易引起人们的思乡之情，勾起人们的儿时回忆，是典型的"乡愁"型旅游产品。这是民宿的典型特征，也是民宿的吸引力、生命力所在。

（五）观赏性、体验性和研究价值并重

一幢民宿，往往是一段历史的截图，一种文化的化石，一种风俗的遗存。同时，住民宿可以让人体验当地百姓的生活，领略当地的民风民俗，品味地道的当地美食，其体验性不同于住宾馆酒店。此外，有的民宿由于其历史性、文化性特征，具有较高的研究价值。

三、我国民宿发展现状

（一）大陆民宿现状

2012 年以后，中国旅游度假需求增长迅速，大众出行主体由商务出行转向个人旅游，居民对于民宿等个性化主题酒店需求大幅增加，民宿市场快速进入爆发式增长期。民宿蓝皮书数据显示，2019 年中国在线住宿市场规模达到 200 亿元，同比增长 36.5%；民宿市场营业收入 209.4 亿元，同比增长 38.92%。截至 2019 年 9 月 30 日，中国大陆民宿（客栈）数量达到 16.98 万家，相比 2016 年的逾 5 万家增长 217.06%。在国内，从地域上看，长三角和东部沿海地区的民宿业最为领先，这离不开旅游度假市场的成熟以及丰富的旅游资源（水乡、古镇、城市风光等）。未来，民宿一方面将随着现有的热门旅游景区的客流量增加而继续扩张，另一方面将伴随新的旅游资源的开发而诞生。与此同时，民宿的曝光度与关注度也在不断提升。

近年来的各项旅游政策中，均有提到鼓励特色民宿的发展，在未来 3~5 年内民宿政策持续利好导向。目前，我国在民宿行业颁布的政策主要有以下几条。

表 1-1 中国民宿行业政策汇总

发布时间	发布单位	政策名称	主要内容
2015 年 11 月	国务院办公厅	《国务院办公厅关于加快发展生活性服务业促进消费结构升级的指导意见》	强化服务民生的基本功能，形成以大众化市场为主体，适应多层次多样化消费需求的住宿餐饮业发展新格局。积极发展绿色饭店、主题饭店、客栈民宿、短租公寓、长租公寓、有机餐饮、快餐团餐、特色餐饮、农家乐等满足广大人民群众消费需求的细分业态。
2015 年 12 月	国务院	《中共中央 国务院关于落实发展新理念加快农业现代化实现全面小康目标的若干意见》	明确提出大力发展休闲农业和乡村旅游。依据各地具体条件，有规划地开发休闲农庄、乡村酒店、特色民宿、自驾露营、户外运动等乡村休闲度假产品。

续表

发布时间	发布单位	政策名称	主要内容
2016年10月	住建部、中国农业发展银行	《住房城乡建设部 中国农业发展银行关于推进政策性金融支持小城镇建设的通知》	进一步明确农业发展银行对特色小镇的融资支持方法。住建部负责组织、推动全国小城镇政策性金融支持工作,建立项目库,开展指导和检查。中国农业发展银行将进一步争取国家政策,提供中长期、低成本的信贷资金。
2017年7月	国家发展改革委等14部门联合印发	《促进乡村旅游发展提质升级行动方案(2017年)》	鼓励依托重要文化和自然遗产等公共资源建设的景区,在符合景区承载力前提下,在淡季探索实行免费开放日(周),带动周边乡村发展民宿、餐饮、购物等业态。
2017年8月	国家旅游局	《旅游民宿基本要求与评价》(LB/T 065-2017)	在市场准入范围,强调民宿经营者必须依法取得当地政府要求的相关证照,并满足公安机关治安消防相关要求,民宿单幢建筑客房数量应不超过14间。
2018年3月	国务院办公厅	《关于促进全域旅游发展的指导意见》	城乡居民可以利用自有住宅依法从事民宿等旅游经营。通过发展民宿业安排就业、定点采购、输送客源、培训指导以及建立农副土特产品销售区。
2018年10月	国务院办公厅	《完善促进消费体制机制实施方案(2018—2020年)》	在进一步放宽旅游服务消费领域市场准入方面,鼓励发展租赁式公寓、民宿客栈等旅游短租服务。
2020年7月	文化和旅游部办公厅	《关于统筹做好乡村旅游常态化疫情防控和加快市场复苏相关工作的通知》	促进乡村观光向乡村旅居、乡村生活转型,提升乡村民宿品质,开发乡村美食、夜间游览、深度体验、主题研学等产品。
2021年1月	文化和旅游部	《开好局起好步 推动文化和旅游工作开创新局面——2021年全国文化和旅游厅局长会议工作报告摘要》	推出一批全国乡村旅游重点村、乡村旅游精品线路,推动乡村民宿健康发展。

资料来源:根据公开资料整理。

(二)台湾民宿现状

台湾早期民宿的经营,大都是以家庭副业的方式。随着民宿的风潮渐热,民宿创造出来的商机实在太过诱人,原本被定义成家庭副业的经营模式,逐渐转换成家庭主业模式在经营,甚而房产投资客、新移民主义人士等争先恐后地进入民宿经营的板块。在竞争者众多的情况下,品质、服务以及效率的经营管理竞争力需求,影响力都在慢慢出现,左右民宿生意较大。也因如此,慢慢促成台湾民宿朝精致化、豪华化、高价化以及高服务化的方向在演进。根据台湾地区交通主管部门观光局的统计,2003年台湾合法民宿仅124家,而2007年已登记的合法民宿,全台湾总计已高达1939家,其中,正常营业的业者共1886家,总房间达7751间。2018年底台湾民宿数量为9085家,较之

2017年同期的8386家，增加了699家；民宿房间数由34 868间增加至38 427间，增加3559间，增幅为10.21%。然而，由于民宿业者的大量涌入，民宿质量存在良莠不齐的现状。

项目二　民宿的起源与发展

 **知识内容**

民宿（潮宿）的起源有很多说法，有研究说来自日本，也有的说来自法国。探究民宿一词，更多的是来自英国。20世纪60年代初期，英国的西南部与中部人口较稀疏的农家，为了增加收入开始出现民宿，当时的民宿数量并不多，是采用B&B（Bed and Breakfast）的经营方式，它的性质是属于家庭式的招待，这就是英国最早的民宿。经历百余年的发展，民宿从乡村走向城市、从农场走向景区，成为区域性旅游品牌及核心吸引物的重要构成。

民宿在国外已经是一种普遍的住宿方式，而在国内则随着旅游业的发展兴起不久。民宿的起源地——日本、欧美发达国家以及台湾地区，普遍重视法治、安全风险及环境维护。各国为规范民宿经营陆续出台了相关的法律条款，营业须先取得执照，禁止非法经营。

一、中国民宿的起源与发展

（一）中国民宿的起源

1. 台湾民宿的起源

民宿在台湾的发展有很长的历史，最早大规模民宿发展是在1981年左右的垦丁国家公园。起因是度假区在假日期间饭店、旅馆住宿供应不足或缺乏服务，还有部分登山旅客借住山区房舍，有空屋的家庭因而挂起民宿的招牌，或直接到饭店门口、车站等地招揽游客，民宿行业逐步兴起，但当时只是一种简单住宿形态，没有导览或餐饮服务。

2. 大陆民宿的起源

民宿在中国自古有之，最有代表性的就是"客栈"。虽然客栈是我国古代酒店的主要形式，但也是居民自己开办的，主要为外出远行的人们提供住宿和餐饮的酒家，可以被认为是我国最早的民宿。

由于我国历史朝代众多，历史文化差异明显，文化背景、机构建置、生活习惯也都存在差异，所以每个朝代的人们对客栈的认识与理解也不同，古代客栈在各个时期的称谓也不尽相同。例如，我国古代文献中旅馆的别称有逆旅、传舍、客舍、客栈、邮传、邮馆、候馆、路室、旅邸等。私营旅馆最早的记载见《论语》中："许由辞帝尧之命，而舍于逆旅。""逆旅"，即客舍旅馆，"逆"古语为"迎接"，"旅"为"旅人、行者"。"逆旅"引申即为旅店的意思。公元六七世纪时，"逆旅"已经很普遍。小说集《太平广记》中就多次提到"逆旅"。

据考证，"旅馆"之称最早出现于唐代，唐诗人戴叔伦的《除夜宿石头驿》曾写道："旅馆谁相问，寒灯独可亲。一年将尽夜，万里未归人。"到了宋代，旅馆名称繁多，有四方馆、同文馆、来宾馆、都亭驿等，并出现了专为客商寄存货物的货栈"塌房"。清代有"商馆""客店""递铺""驿站"。3000多年间出现了"馆""驿""舍""店"四大类几十种的名称或字号。

（二）中国民宿的发展

1. 台湾民宿的发展

台湾是中国最早发展民宿的地区之一，民宿遍及整个台湾，呈现规模化发展的态势。台湾民宿产业不仅在台湾本岛备受追捧，而且声名远播。根据台湾旅游局及民宿协会相关资料统计，2011年台湾民宿3763家，到2015年已有6356家。总客房数由15 658间增长到26 357间，增长近70%。

2001年台湾颁布《民宿管理办法》，首次对民宿的合法地位进行了认可，对经营资格、民宿协会的监管等方面做出了严格规定。该办法规定民宿为利用自用住宅空闲房间，结合当地人文、自然景观、生态资源及农林渔牧生产活动，提供旅客乡野生活住宿之所。并且规定民宿的经营规模，必须以客房数5间以下，且客房总楼地板面积要在150 ㎡以下为原则；但对于保留地、经农业主管机关核发经营许可证的休闲农场、经农业主管机关划定的休闲农业区、观光地区、偏远地区及离岛地区的特色民宿，经营客房数要在15间以下，客房总楼地板面积要在200 ㎡以下。建筑要符合消防设计，楼梯及平台净宽1.2米以上，楼层地板面积超过240 ㎡的需要设置直通楼梯。

《民宿管理办法》也规定了设置民宿应该在如下地区：风景特定区、观光地区、公园区、偏远地区、离岛地区、休闲农业区、非都市土地等。同时对客房、浴室、清洁用品、饮用水水质等都有着严格的规定。

在政府没有介入的发展初期，成立于2003年的台湾乡村民宿发展协会（2007年更名为"台湾民宿协会"）也发挥了组织和引导作用。协会以TRAA为品牌标识，建立了台湾民宿论坛、台湾民宿评论、台湾民宿金奖、3S民宿认证、台湾民宿讲座、台湾民宿故事馆这6大产业服务平台，涵盖民宿的方方面面。协会也与政府部门沟通合作、推动民宿发展规定的修改和各地民宿合法化，积极推广台湾民宿产业和产品。随着民宿的规模化发展，民宿协会的角色也逐渐转变为促进民宿创新发展和多元化营销。台湾民宿协会的作用体现在：一是与公共部门沟通协调，推动民宿发展规定的修改和各地民宿合法化的政策推动；二是积极寻求区域合作，建立多元渠道加速推广台湾民宿产业和产品，提升台湾民宿产业的知名度；三是积极发挥平台作用，促进民宿经营者之间的交流与合作，推动民宿资源的整合经营，创造多方受益的最大化。

台湾民宿的大发展与民宿主人的细心经营密不可分。这些民宿在经营理念上超越了旅馆和酒店，往往能让游客在游玩之余增加对当地文化、民俗风情的了解，收获一份意外的感动。台湾许多有名的民宿，其装修风格都反映出主人的生活追求与艺术品位，一些主人将自己的理想和志趣投入自家民宿中，为客人展现并分享家与人生的乐趣，将自身的偏好与当地文化巧妙地结合在一起。

图1-3　民宿庭院

2. 大陆民宿的发展

大陆民宿的发展大多在学习日本和台湾地区的经验。处在初级阶段的民宿行业本身多是自发形成，以乡村农家乐为主流，只能提供简单的餐饮娱乐和住宿服务。2003年，"家庭旅馆"概念引入。2010年，民宿形式得到更多关注。2012年前后，中国度假旅游需求迅速增长，大众出行主体由商务出行转向个人旅游，游客对于客栈、民宿等个性化主题酒店需求增加。2015年11月23日，国务院网站发布《关于加快发展生活性服务业促进消费结构升级的指导意见》，首次点名"积极发展客栈民宿、短租公寓、长租公寓等细分业态"。2016年3月出台《关于促进绿色消费的指导意见》，提出持续发展共享经济，鼓励个人闲置资源有效利用，有序发展民宿出租。在这样的背景下，国内民宿发展迅速。目前，民宿集群最发达的三个地区分别为滇西北、浙闽粤、长三角。其中，民宿分布较多的城市中，有以北京、厦门、成都、杭州为代表的大型旅游城市，以丽江、大理、嘉兴为代表的古城古镇旅游城市，秦皇岛、黄山附近的知名旅游景区城市，上饶、湖州等为代表的乡村旅游地区。

图 1-4 "树屋"造型的民宿

图 1-5 民宿院落景观

二、日本民宿的起源与发展

（一）日本民宿的起源

日本的民宿历史由来已久，其起源可以追溯到 1937 年。长野县白马地区的 16 家以登山向导为生的人家通过当地警方的许可，为滑雪者提供住宿，这就是日本民宿的开始。

20 世纪 70 年代是日本民宿的兴盛时期。泡沫经济使民众对大规模开发型的度假吃尽苦头后，回头转向农渔山村，寻求生机盎然的自然与文化，形成一种都市住民以家族为单位，长期停留住宿农家民宿的新型旅行方式。在旅游业快速发展的带动下，日本民宿数量飞速增长。从个体家庭式经营到职业化经营，日本民宿质量及服务水平一直在不断地提升。同时随着国际市场的开放，日本民宿数量持续增加。

（二）日本民宿的发展

日本民宿从 20 世纪 70 年代开始发展，目前约有 24 000 所民宿。随着新生育人口减少，日本的闲置住宅越来越多。目前日本住宅总数为 6063 万户，其中，闲置的住宅高达 820 万户。仅仅在东京，就有 81 700 户闲置住宅，大阪则有 67 900 户。同时日本的房地产行业自从泡沫经济后一直不景气。这些空置的房子成为日本发展民宿业的基础。日本的土地是私有制，购买了土地的所有权之后可以在上面搭建房屋，许多房屋的设计都较为个性化，富有特色。这也为房屋民宿化创造了条件。

日本民宿以平民化的收费和自助式的服务为主要特色。从预约、取钥匙、入住、离开民宿，都可以不用直接与房东或者负责人交接。预订成功后房东发给住客一组密码，入住时凭密码进门或者凭密码取钥匙。在预订的入住时间之前，房东会清理房间。入住之后所有设施都可以随意使用，离开时将钥匙放入指定的地点，房东再清理一下房间，一次民宿入住就完成了。在日本这种人力成本极高的国家，这样可以很大程度地节省成本。同时这样也能给游客一种回自己家的体验。日本民宿的使用者 93% 为外国人，且 85% 的民宿集中在东京、大阪和京都。2018 年 6 月实施《日本住宿住宅事业法》，全面开放民宿，将长期游走于法律灰色地带的民宿正规化、合法化。此前，日本仅有 1/3 的民宿合乎规范。

日本的民宿与旅馆在经营管理上存在着较大的差异，一方面体现在服务上，民宿注重平民化的收费与自助式的服务，设备与服务虽不如旅馆，但其蕴含着浓浓的家庭味、乡土味和人情味，弥补了硬件条件的不足；另一方面，民宿经营者在提供住宿与餐饮的同时，配合当地文化特色提供运动、休闲、娱乐等功能，让游客享受多姿多彩的体验。

通常日本民宿分为洋式民宿与农家民宿，农家民宿是拥有传统榻榻米房间，食用日本传统菜肴的民宿，常见类型有温泉民宿等，这类民宿常设在自然资源丰富的地区，如温泉资源丰富的本州地区。而洋式民宿的经营者多为白领阶层，经营者知识水平与审美水平较高，对外来文化有较好的理解，因此洋式民宿多设在大城市里供游客短期租赁住宿使用。日本农家民宿因其质量高、配套服务完善等原因已然成为一个个优质景点。而即使坐落于城市内部的洋式民宿也因其地理位置靠近著名人文风景名胜而受到游客的欢迎。对于民宿的监管，日本已出台相关律法，将民宿与旅馆提升到同一标准，但随着日本旅游业的发展，热门景区城市住宿资源紧张，为了缓解供需矛盾，日本政府正在逐渐放宽准入原则。

三、英国民宿的起源与发展

（一）英国民宿的起源

1945 年，第二次世界大战结束，仍在英国的美军士兵等待回国时，纷纷走出军营，游览异国风情。当时的英国基础设施在残酷的战争中遭到严重破坏，根本没有合适的酒店来接待这些美军士兵。于是，一些英国家庭主妇将自家住宅内的部分房间收拾出来，简单布置，并为这些美国大兵提供餐饮服务，有些英国人还引领身着军装的士兵在当地游玩，类似于如今的导游工作，而美国人则为这些服务支付酬劳。

英国乡村的田园风光，不仅让美国大兵流连忘返，还吸引了不少美国人漂洋过海来此游玩。此外，他们对剪羊毛与驯牧羊犬等家庭劳作也颇感兴趣，尤其是在城市周边的乡村小镇，游客们蜂拥而至，以至于家中的羊毛都不够游客们剪的。于是乡村旅游在英国各地兴盛起来。

（二）英国民宿的发展

1960 年，B&B 热潮从伦敦周边逐渐向西南部及中部蔓延。10 年之后，乡村旅游更是扩大至露营地、度假平房等，一时成为最热门的游客观光模式。大量有空余房间，以求出租给游客的"家庭生意"在英国各地兴起。

尽管和旅馆饭店相比，B&B 提供的服务和设施有限，但是它低廉的价格对于广大的普通老百姓来说还是很有吸引力的。英国夏季的旅游者中，多数人会选择 B&B 这种住宿方式。英国的 B&B 不同于嘈杂的青年旅馆与拥挤的旅社，热心的主人通常会带游客去享受采收农产品、喂食牛羊的乐趣，探索乡村的奥秘。在 20 世纪 90 年代英国的一项休闲旅游调查中，发现有八成的英国民众每年到农村旅游至少一次。目前，大约有 40% 的旅客选择民宿过夜。

除居民自发接待之外，一些有远见的经营者请求英国政府介入，使得民宿市场逐步被规范起来，而拥有产权的屋主，也可以通过预约代理商系统接受游客订房。1983 年，英国民间设立了农场假日协会，协会制定了相关的规章条文，并得到政府观光局及农业部门的支持。

一些具有悠久历史的民宅，因独特的人文景观，以及为游客提供的优良服务，而获得较为理想的利润。比如说英国布里特乡村旅游，那里的宅院可追溯至 17 世纪，已经被英国列为国家特别保护区，尽管房价高达 400 英镑一晚，但游客们仍然需要提前至 6 个月，方可订到房间。

英国民宿协会会长威斯顿，曾提供一份数据，称英国大约有 2.5 万家民宿，年营业额约 20 亿英镑，已成为支撑英国旅游业的重要组成部分。

四、法国民宿的起源与发展

（一）法国民宿的起源

第二次世界大战之后法国百废待兴，农村人口急速外移到城市去，空留许多农舍见证农村危机。因为自 1936 年起，法国规定每年必须要有十五天的法定休假日，漫长的战乱之后，城市工作者更想抓紧享受机会，只是经济能力有限，而农舍接待度假旅客的想法，正好符合城里人向往宁静田野度假生活的需求，又不必付昂贵的旅馆费用，同时为危机中的农村增加一些额外收入。

1951 年，法国第一个农村民宿开张。1955 年，法国民宿联合会成立，印发的第一本民宿指南共收录 146 个地址。法国民宿联合会如今已成为世界最大民宿组织，雇佣 600 名职员，协助 56 000 家民宿业者辅导与咨询各项管理事项，负责监督、严格检查旅舍质量，并向 200 万绿色旅游爱好者推销这些民宿。法国民宿从简单的小农庄到设在文艺复兴城堡的可爱客房，应有尽有。政府规定民宿房间数最高是 6 间，申请设立必须符合消防、建筑及食品卫生等安全规范，同时必须为旅客办理保险。

（二）法国民宿的发展

在法国，民宿由政府主导，协会支持。民宿的发展从简单的小农庄开始，经过不断发展，法国民宿形态日益多元，除了常见的依托农庄而建的乡村民宿之外，有毗邻城市中心的复古阁楼，甚至还有文艺复兴时期的文艺古堡。通过一栋栋居家风格迥异的民宿，游客能很好地感受并融入周围的产业环境，领略当地历史风貌与现代产业文化相结合的魅力。法国政府对民宿的经营规模、安全规范及食品标准都有着严格的规范，此外还成立了民宿联盟对民宿的经营、建设予以指导和支持。

法国民宿经营形式仍采用 B&B 方式的经典模式。2000 年以后，法国政府对民宿法进行修订，限定民宿房间最多不得超过 5 间，超过者则称之为旅馆。民宿分为按天计价和按周计价两种，经营方式以家族经营为主。法国政府对民宿的占地面积、设备配备、清洁卫生情况、环境等都有严格要求，并且每 5 年进行一次评鉴，以此保证民宿业良性发展，并且要求为旅客们办理保险，确保旅客的人身和财物安全。

法国民宿联盟（协会）会依据标准，对民宿的服务质量、住宿环境、舒适度、基础设施及卫生设施配备情况等项目进行综合分析，并划分等级，并以法国乡村常见的麦穗枝数加以反映，从一枝到最高的五枝，麦穗数目越多，该民宿的综合条件越好。

为了更好地保护历史古迹和农家原生态的生活文化，法国政府鼓励民宿保持古农庄原始、独特的建筑风貌，以此保证游客可以真切感受到法式农村的氛围。为了实现这一目标，法国政府会向民宿相关联盟（协会）的会员提供多种形式的资金补助，民宿经营者可以通过申请加入民宿联盟（协会）以获得政府的资金补助。此外法国政府对于民宿经营者还有一笔乡村建筑整修补贴，若是这些都市人能够在定居地经营民宿业10年以上，就能享受到这一笔补贴。

项目三　民宿的类型

知识内容

民宿类型众多，按照不同的分类标准有不同的类型。这里将向大家介绍几种常见的分类方法。

一、按民宿建筑分类

按照民宿所依托的建筑不同，民宿可分为传统民宿和现代民宿。

（一）传统民宿

传统民宿主要依托于民间百姓的民居。这类民宿在外观上基本保留原貌，内部进行适当的改造装修。它一般具有一定的历史年限，比较多地保存了当时当地的建筑风格和文化遗存，具有一定的历史文化价值和研究价值。

（二）现代民宿

现代民宿以新建为主，一般依照当地的建筑风格辟地新建，也可移植域外名宅、名村，形成反差效应，增强吸引力。

二、按民宿的规模分类

按照民宿的规模分类，民宿可以分为单体民宿、连锁民宿和集群民宿。

（一）单体民宿

单体民宿也就是"仅此一家"，一般是在城市或乡村中零散存在的民宿，多由民宿主自己个人经营。目前民宿市场中单体民宿仍然占据较大比重。选用市场要想寻求更好发展，就需要提升整体系统性的运营能力，对个人房源较为重视、运营经验较足的渠道会更加合适。

（二）连锁民宿

连锁民宿是指某一个民宿品牌发展到一定规模后，在其他各个地区进行复制拓展，品牌扩张。一般具有数量非单一、空间分布上分散的特征，同品牌连锁民宿一般不会在特定区域内集聚。我国目前比较著名的连锁民宿包括大乐之野、西坡、松赞，等等。

（三）集群民宿

集群型民宿一般是将一个村庄、一条街道或者其中的一部分进行整体的规划和设计，民宿相对集中，管理比较完善，如丽江古城、莫干山民宿群等。

三、按所处位置分类

按所处位置不同，民宿主要分为城市民宿和乡村民宿两类。

（一）城市民宿

城市民宿坐落在城区。它可以是城中的古民居，也可以是城市居民利用自家空余房以家庭副业的形式对外接待客人的民房。由小村落发展而来，多以公寓大楼式的形式呈现，以现代风格的建筑为特色。

【相关链接】

城市民宿——PAPA HOUSE[①]

"城市民宿和乡村民宿不同，他是一对一的深度体验，更像家。"哈佛毕业的新锐建筑师咸山山说道。杭州西湖边，山山花了半年时间，把外公的家，一个残破的老房，改造成一个有趣鲜活的城市民宿——PAPA HOUSE。

线装书、旧CD、老式手电筒、铃铛闹钟……这个两室一厅的家，收藏了山山家的老杭州碎片。几步之遥，是小荷初露的西湖，从清晨到黄昏，从这个角度看到的杭州，格外生动。

（二）乡村民宿

乡村民宿分布在广大农村，具有比较浓厚的"村"味。也可以把建在城市或城郊的、按照乡村风格建设的民宿称为乡村民宿。以乡村文化为内涵，多依托景区或者地域特色资源而发展，乡土气息浓厚。

【相关链接】

乡村民宿——右见·十八舍

右见·十八舍精品民宿坐落于苏州临湖镇柳舍村，水草丰美的太湖水域，园博园附近。十八舍共有16间客房，每间房间内，都提炼出了中国古代对于颜色的命名，极富诗情画意与想象空间。而除了房间内的老物件，印在每间房内的墙壁上的诗词更是右

---

① 资料来源：借宿.分级还是升级？城市民宿面临下一个风口［EB/OL］.（2018-04-15）https://www.sohu.com/a/228357829_661148

见·十八舍所承载的文化使命。江南苏式水乡生活，让您感受富有诗意的田园栖居！

图1-6　苏州吴中乡村民宿——右见·十八舍

四、按民宿服务特色分类

特色服务型民宿除提供住宿服务之外，自身也是旅游吸引物，通常结合周边资源，打造温泉养生、乡村运动等特色主题，提供农业体验、生态观光、民俗体验、工艺体验等多项服务。下面将重点介绍几种不同特色的民宿。

（一）农业体验型

此类民宿是以农林渔牧业为基础，融食、住、娱、休闲度假于一体的综合型民宿。如在传统的农业乡村中，除提供有农村景观、体验农家生活之外，还有农业生产方面的体验活动，配套观光果园、观光菜园、观光茶园等。在乡间小住数日，让身体舒畅也让心情愉悦，享受美食、漫游的生活，不论往北、往南，都能方便自在，这趟旅程是田园之旅、是心灵之旅，更是难忘的假期。

（二）民俗体验型

此类民宿是以地理人文历史景观为特色，为游客提供休闲度假的民宿。如地方祭典、民俗传说、风筝制作等。

（三）度假休闲型

此类民宿拥有海滨、草原、海岛、森林、雪山、温泉等独特旅游资源或是精心规划的人工造景，满足游客放松休闲的需求。

(四)艺术体验型

此类民宿体现出强烈的民宿主人的风格,有较多设计元素,客栈本身就能给游客带来猎奇的心理,或提供一些个性化产品及体验活动。或者,由民宿主人带领游客体验各项艺术品制作活动,包括捏陶、雕刻、绘画、木屐、果冻蜡烛、天灯制作等,游客可亲手创造艺术作品,体验乡村或现代的艺术文化飨宴。

(五)自助体验型

此类民宿强调自助互助、实惠、不浪费,以社群生活和文化交流著称,住客多为背包客、夫妻或结伴而行的游客。

(六)复古经营型民宿

此类民宿的住宿环境均为古厝所整修,或以古建筑的式样为设计蓝图,提供游客深切的怀旧体验。

图1-7 复古打造的民宿

【相关链接】

住进历史里的西冲院[①]

西冲院于2014年10月开业,位于江西婺源思口镇西冲村,是一个老宅改建项目。西冲院老宅已有200年的历史,是典型的徽派深宅大院。修旧如旧,古宅修复工作

---

① 资料来源:一夜徽州.宿|以墅为家 墨韵婆婆的婺源西冲院[EB/OL].(2021.4.7).https://mp.weixin.qq.com/s?__biz=MzAxOTE1NjI4MQ==&mid=2650679002&idx=1&sn=1e22a7459661399dc1b97e833aed6334&chksm=83c1da8cb4b6539a27042bb9d17c121f5f44d1fd959bc8d0139f567adf96c1fd26dcb4feee19&scene=27

由专业古建专家团队负责，尽力保持古建所承载的历史文化痕迹。建筑本身的马头墙、小青瓦、门口的大樟树、斑驳的墙壁都得到了完整的保留。在房屋光源、功能分区上的大胆创新，又让古宅更符合现代人的居住习惯。

西冲院民宿的古建筑天井及公共部分完全按照老宅原样恢复如旧，而客房室内沿外墙一侧保留了原样，新隔墙均为白色石膏板面刷涂料，地板刻意挑选了带节疤柞木，原有木结构体均保持原样，自然而不露痕迹地将新与旧完美融合。古旧的祠堂处处散发着岁月的味道，残留着年代的印记，但却因那些跳脱的色彩变得有些许活泼，红色的挂灯、明亮的光线、碧绿的植物、现代化的硬件设施，被巧妙地安排在旧宅之中，让人既可以感受古风、古韵，体验古老文化，又能够舒适生活，尽情放松。

五、按民宿产权分类

按产权不同，民宿可以分为私有民宿、集体所有民宿、国有民宿和社会民宿四大类。

（一）私有民宿

私有民宿是指产权在每家每户，属个体私人所有，其主体是大量的民居型民宿。它们产权归个人所有，自主管理，自主经营，自负盈亏。

（二）集体所有民宿

集体所有民宿也分几种，一种是产权为宗族、家族集体所有，如南方地区的客家围屋。这种围屋规模大，房间多，功能全，历史较为悠久，由于牵扯的家庭多，一直没有进行产权分割。用这种民居改造成的民宿，其所有权为家族集体所有。一般由家族组成理事会进行管理和经营。另一种是我国不少农村还保留了集体所有制的民居，用这种民居做成的民宿其产权仍归集体所有。

（三）国有民宿

国有民宿是近些年来新出现的民宿类型。主要是各级政府的国有企业收购的民居或新建的成片民居。

（四）社会民宿

社会民宿主要是指由社会资本，如私人、私营企业、企业集团等投资建设和经营的民宿。

【**本章小结**】

民宿已经成为国内外游客外出度假休闲住宿的一大选择，民宿的发展也由最初的自发状态慢慢走上规范化、制度化，了解民宿的定义、发展历史及分类，对于更好地发展非标准化住宿业有着重要的意义。

【思考与练习】

1. 简答题

(1) 什么是民宿?

(2) 简要谈谈英国、法国、日本、中国台湾等国家或地区的民宿起源?

(3) 简要谈谈我国大陆民宿的发展现状?

(4) 民宿有哪些类型?

(5) 民宿的特色功能有哪些?

模块二　民宿的选址与设计

【案例导入】

设计，让老宅"重生"

南京城南的老门东，是南京最早的老城区。柔肠百转的秦淮河从这儿穿过，自明朝起，这里就是商贾云集，世家大族的聚居之地。老城南地区的老房子塌了又补，倒了再建，在明清时期的老宅群里，建起了一栋民宿——花迹酒店。

图 2-1　花迹民宿庭院

花迹脱胎于400年前的三进式的明清老建筑，设计师见着这个建筑时特别兴奋，裂开的木柱子，用得发亮的铜把手，瓦楞上的青苔都是他讲故事的素材。于是，设计师天然去雕饰地将这个建筑讲成了一个朴素的故事：自然、通风、阳光照进来，买来当地的老砖头砌墙、铺地，没有吊顶，没有窗套，装上了酒店一般都没有的纱窗，防蚊还能通风，大量地留白并使用素色。连防火栓都没有门，用一种文艺的表现方式保留了它原来的样子。见惯了五彩斑斓世界的城市人，走到这里，立刻就能安静下来。

花迹仅有 19 间房,分布在 5 个天井花园的院子里,名字以"花景""花街""花院""花间"等来命名,每一个都和花有关。客房里的原木地板,拙朴桌椅,纸质的灯具以及书架上水泥的花盆,纯白的浴室,文艺感十足。条桌、凳子都由旧时松木打磨而成,保留了木纹真实的面目。设计师还将室内墙体上的锐角打磨成圆角,从细节处体现简约美。

图 2-2 花迹民宿用原木打造的客房

思考:1. 民宿应如何选址?

2. 民宿设计应注重哪些因素?

学习目标

- 了解民宿选址的方法
- 了解民宿选址的关键因素
- 了解民宿设计的原则
- 掌握民宿设计的关键要素

【学习任务导图】

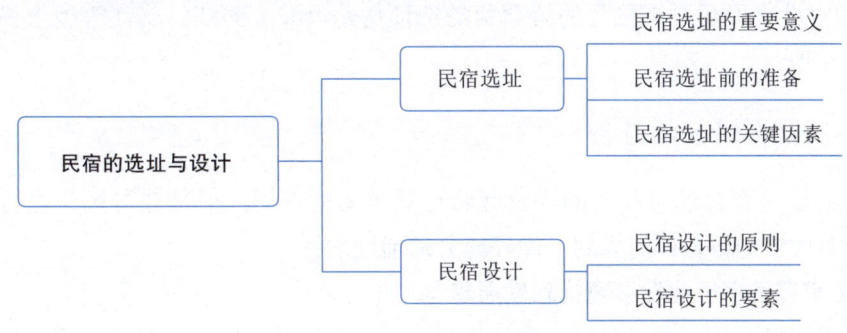

项目一 民宿选址

 知识内容

民宿从本质上来说，是住宿业消费升级的产物，是旅游配套的升级产品。中国地域辽阔，各地区自然环境、人文风貌、经济发展水平千差万别，各地区的消费水平和消费偏好也随之各异。一二线城市或城市群的居民外出旅游和出游消费水平相对较高，民宿发展具有坚实的市场基础；经济发展水平较低的地区，乡村旅游民宿还停留在农家乐的水平，发展条件相对滞后。另外，随着旅游业整体的发展，我国有相当一部分地区旅游资源丰富，气候宜人，或景观绮丽，或人文深厚，这些地区是天然的最佳旅游胜地，也是孕育民宿的绝佳土壤。

一、民宿选址的重要意义

好的选址是成功的一半，选址不理想，后期其他方面做得再成熟也会事倍功半。从我国民宿蓬勃发展的几个地区来看，每个地区民宿发展的起源和特征各有不同，成熟的民宿及民宿聚集区无不具备极佳的选址条件，不同的民宿选址决定了不同的民宿发展方向和路径。

（1）好的民宿选址可以给客人带来独特的体验。开民宿不仅仅靠情怀，更要为客人提供独特的体验，这种独特性大多来自消费者因为空间的转换而获得的不同感受，如城市居民来乡村消费，东部居民在云南、西藏感受到的文化差异，等等。

（2）独特的民宿选址可以体现民宿产品的差异性。民宿产品不仅仅是一张床，更多的是环境，民宿产品的差异性主要体现在周边环境的不同。徽州的民宿发展是基于当地特色的古宅，川藏线的民宿则起源于骑行者的栖息地。

（3）好的民宿选址可以大大降低民宿的初期投入和将来的运营成本。在民宿业流传一句话"如果选址选好了，躺着也能赚钱；如果选址选不好，绞尽脑汁也得亏钱"。如2016年融资就已经超过1亿元的诗莉莉的选址均是洱海、丽江、漓江等国内稀缺的景观资源所在地。

二、民宿选址前的准备

民宿选址是否合理对民宿的经营起着至关重要的作用。但是在对民宿进行选址之前，必须对民宿进行合理的规划，做好充分的前期准备。

（一）掌握民宿行业发展现状和发展趋势

（1）了解民宿行业宏观发展现状与趋势。民宿选址前，要了解我国民宿市场的整体规模、营业收入、民宿发展的痛点、民宿消费者群体的年龄结构、收入情况、旅游频率、消费偏好等情况。掌握这些信息，有助于在民宿选址前能够聚焦目标消费市场，扬长避短，作出准确判断。

（2）了解拟开设民宿的区域内现有的民宿设施，以及竞争对手民宿的经营特色与状况。要详细评估该区域的客流量、顾客层次，区域内配套的餐饮设施、规模特色、营业时间、消费单价、营业额和菜单内容等，以便为民宿选址提供可行性分析的基础和依据。

（二）明确民宿的性质和定位

在民宿选址之前，要对民宿的性质和主题进行拟定。如前期要根据市场调查和基地选择结果拟定民宿接待住客的层次、民宿管理水平及民宿的特色等，来确定民宿的性质、民宿等级、民宿规模与民宿结构。具体来说，应该从以下三个方面进行考虑。

1. 明确民宿面向的客户

明确民宿所面向的客人群体，以及客人身边可以传播和接触到的人群。如，民宿是面向城市休闲消费群体，或者是90后文艺青年消费群体抑或银发族，这决定了民宿的定位和选址方向。

2. 明确民宿面向客户群体的消费需求

民宿的客人一般需求是旅游和休闲，但是不同细分市场的客人消费需求各不相同。因此，明确用户需求是民宿选址和产品设计的重要前提。一般而言，明确客户需求应包括以下三个步骤。

第一，锁定目标群体，确定民宿要接待的主力人群是听歌看书的年轻人，是喜好喝茶看景的中年人，还是消磨时光的老年人，等等。要根据某一类群体的选择作出具体的安排，避免"老少咸宜"。

第二，为目标群体进行"画像"，即给其打上属性标签。如，喜欢喝茶看景的中年人特征包括事业有成、思维传统、经济基础较好等，还可以按照年龄、性别、习惯进行进一步细分。

第三，分析目标群体的行为模式和"触点"感受。对目标群体的消费习惯进行收集、对比和规划，分析该类用户行为背后的动因，为日后选址提供依据。如，年轻群体喜欢挑战自我，针对这类细分市场，民宿在选址时可考虑周边是否提供户外拓展的资源。

3. 分析自身的优势

结合对民宿宏观、中观消费市场的分析，努力挖掘自身的优势，明确民宿的定位。如，有些民宿主深谙茶艺，可以在民宿定位时多倾向于融合传统文化体验的民宿；有些民宿主喜欢音乐，可以面向文艺青年群体开设民宿；等等。总之，能够最大化地结合自身的喜好和优势，进行优质资源的有效整合，是保证民宿可持续发展的最佳路径。

（三）了解民宿建立的政策

民宿属于新兴的旅游住宿方式，很多地方政策法规并不明朗，不同地区政府也有着不同的态度，这就决定了所需办理证件的难易程度。民宿选定地址之前必须要和当地的行政单位进行沟通，确保各级行政机构和当地居民的支持。民宿建立的政策主要包括资质政策和环保政策。

1. 资质政策

第一，宅基地政策。很多风景秀丽的村落都是租赁当地村民的宅基地进行民宿改造的，但宅基地的相关文件和法律并没有表明可以将地或房屋用于经营，而且宅基地重新营建的建筑是不被国家承认的。

第二，经营资质政策。住宿产品的几大资质包括工商的营业执照、消防的开业许可、公安的特种行业许可和外宾接待许可、卫生许可、食药监的餐饮许可等。国内一线城市对于这些资质的办理要求标准基本相同，而一些郊区和偏远地区政策各有不一，所以很多民宿并不具备办理资质的相应条件。

2. 环保政策

环保政策是指做民宿要提前了解政府对排污设备系统的政策要求和标准以及未来的规划。否则被官方部门勒令停业，或拆除违章建筑会让民宿投资付出惨痛代价。尤其是有一些民宿选址在景区，开在景区固然有很大优势，但是景区的未来规划和治理是单体民宿难以抗衡的。因此，在民宿选址前要综合权衡。

【相关链接】

大理洱海民宿的野蛮发展与落幕[①]

2009年，"沧海一粟""水时光"等客栈沿大理洱海而建，让外地商人窥见商机。2010年起，各具风格的民宿客栈矗立街头。本地艺术家赵青、舞蹈家杨丽萍的别墅先

---

① 资料来源：澎湃新闻.民宿客栈8年野蛮发展落幕，大理迎来史上最严洱海治理令［EB/OL］.（2017-04-23）.https：//www.thepaper.cn/newsDetail_forward_1652559?from=groupmessage

后在玉几岛上建成，古镇双廊开始走入大众视野。根据镇政府统计的数字，截至 2013 年 6 月，登记在册的客栈餐馆为 207 家。而 2014 年热映的电影《心花路放》，使沿洱海环线的客栈数量达到峰值。2016 年，据双廊客栈协会统计，不包括餐饮店铺，在双廊镇仅客栈就有 380 多家。

但是，污染问题随之而来。有 4000 年历史的古渔村千疮百孔，白族民居也所剩无几，一些客栈为了打造海景房，甚至填海造地、排污进洱海。2016 年，洱海水质全面稳定保持Ⅲ类水质，其中 5 个月为Ⅱ类，洱海已经处于富营养化初期，洱海水质污染问题亟待解决。2017 年初，洱海部分海域集中出现了蓝藻。

2017 年，大理迎来了史上最严的整治风暴。从 2017 年 4 月 1 日起，大理洱海流域的水生态保护区核心范围内，所有的餐饮、客栈经营户一律自行暂停营业，接受检查。那些对洱海生态造成威胁的客栈终究难逃被拆除的命运。据相关数据统计，截至 2018 年底，洱海一带被拆的客栈多达 1806 家。

三、民宿选址的关键因素

（一）区位

按照对应的区位和市场，民宿可以划分为城市依托型、景区依托型和乡野型。

1. 城市依托型民宿的区位选择

城市依托型民宿，首先出现在一线城市或城市群近郊，主要市场群体一部分是来该城市旅游，又想获得当地生活体验，不愿意选择千篇一律的城市酒店的消费群体；另一部分是期望到城市近郊休闲放松的旅游消费群体，这部分消费者往往没有明确的目的，仅仅是想远离快节奏的城市生活，获得身心的放松。目前，我国一二线城市集聚了大量城市依托型民宿，其以深度融入当地居民生活场景、具有竞争力的价格优势逐步成为城市旅游休闲度假客人的首选。

2. 景区依托型民宿的区位选择

景区依托型民宿是依托景区景点的吸引力，与周边娱乐、餐饮等旅游配套共同形成旅游区的旅游服务体系，其选址与旅游区及周边配套关系密切。如我国的洱海周边、丽江古城就集聚了大量的景区依托型民宿，该地以独特的地理气候、绝佳的湖景、山景和人文资源吸引了大量观光旅游的消费人群。

3. 乡野型民宿的区位选择

乡野型民宿是指在一些比较原生态的村庄、林地、山地和田地等地区建设的民宿，主要面向有乡土情结，渴望呼吸乡间新鲜空气，体验乡村慢节奏生活的消费者。这类民宿周围并没有开发成熟的景区，大多依托纯天然的田野环境和自然资源来吸引客人。目前，很多民宿投资者都落户于我国一二线城市的近郊，新建小院或对原来的农宅进行改造，提供外部环境乡村化，内部装修现代化的舒适住宿产品。

（二）环境

1. 自然环境

自然环境是指民宿所在地的生态，无论是优雅独特的城市民宿，还是安逸舒适的乡村民宿，抑或是景色宜人的景区民宿，环境卫生都是重中之重。民宿在选址时应关注周围的环境是否干净、整洁，附近是否有污染型企业，生活垃圾处理是否有序，是否有私搭乱建现象等，最终要确保民宿内外部环境能够给客人带来舒适的入住体验。

2. 人文环境

民宿相对于传统住宿产品最大的区别就是其所在地的地域风俗文化。因此，民宿的建设应该要依托当地的人文环境，能够让客人体验到最有特色的生活方式。如白色的大理、绿色的莫干山、彩色的九寨沟、豪迈的泰山、优雅的上海……民宿的选址应该能够充分体现当地的风情和民俗风貌，展现民宿的"情怀"。

（三）交通

客人的"综合到达体验"是民宿选址时必须要考虑的前提。无论选址离客人远近，尽量保证客人到达民宿所花费的时间是适度的并且体验轻松。因此，民宿选址要关注交通因素。

1. 交通工具

交通是决定民宿客人是否愿意到店的重要因素。民宿的选址要远离喧嚣，整体景色效果都要好，但又不能太过遥远，同时要选择在公路畅通或者高铁、飞机等通行工具较为方便的地方，确保各种交通工具能够无缝对接。

2. 行程时长

一般来说，民宿选址在交通方面遵循的原则是"不远不近三小时原则"。如以大城市为中心，民宿距离要控制在60~200公里，也就是确保客人能够通过驾车在1~3小时内到达。或者当民宿离高铁站或机场很近，那高铁或飞机＋坐车不超过3个小时也可以考虑。

同时，到达民宿的"最后一公里"也非常重要。如有的民宿开在半山腰，那要具备较高的公路交通条件，步行距离也应该控制在一定范围之内。如果客人开了半天车到了山脚下，还要再爬几百级台阶，相信客人一定会"望而却步"。

（四）资源

民宿选址时要考虑的资源主要有两种，包括先天性的自然资源和补充民宿功能的其他业态资源。

1. 自然资源

自然资源是指能够给客人带来美好体验的环境事物。一般来说，民宿选址方圆20公里内，最好有4A级旅游景区或者国家森林公园、旅游保护区；推开窗户能够看到优秀的自然风景一定会给民宿大大加分。在选址时，占有的这类资源越多，资源禀赋也就越强。在项目设计建设中也要充分利用这些资源，使其成为吸引游客的重要载体。

图 2-3　民宿所处的山景

2. 其他业态资源

在旅游产业所需要的食、住、行、游、购、娱这六大要素中，民宿仅仅提供"住"以及"食"的功能。实际上，民宿很难把其他要素都囊括其中，难以建立整个旅游服务体系。但客人在消费过程中，如果没有其他可供游玩或者娱乐的设置，入住体验将非常单调，缺乏吸引力。因此，餐饮、SPA、有机农场、儿童游乐等业态会给游客体验带来很大的提升，医疗、安保等社会服务类资源可以为旅游消费者提供保障，也可以大大提高民宿的吸引力。民宿需要合理的配套业态资源补充，同时应充分考虑区域的联动效应，与周边业态形成互动。

（五）设施

民宿所在地的设施配置情况是保证民宿能够正常运营的基本条件，如果民宿所建区域的配套设施不全面，建设成本和运营成本也会增高。在选址时，民宿要关注以下要素：地表水系水质达标；生活饮用水达标；主要道路要平整，可通行机动车辆；有稳定的供水、供电及排污系统；具备合理的电容量和基本的网络通信条件；具备合格的消防安全条件；等等。尤其在一些距离城镇较远的村落，所有基础设施都要在确定选址时作系统的规划。

项目二　民宿设计

 **知识内容**

民宿是社会、经济、旅游、文化发展的综合产物和载体。从社会角度来说，民宿是携带现代城市文明基因向农村地区延伸的桥梁，符合现代人的兴趣、梦想、生活理念和审美需求。从经济角度来说，民宿可以推动农村经济结构转变，增加农民收入。从旅游角度来说，随着交通的发展和自驾车的普及，自驾游、深度游、自由游、体验游逐渐成为流行和风尚，民宿是以知识经济为基础、以自然生态环境为依托的创意生活品类，迎合了游客自由体验的需求。从文化角度来说，民宿发展有利于发掘和保护当地人文历史、自然生态，用现代的文化创意手段来延续传承当地文化民俗，从而重塑乡村的魅力和提升乡村的文化竞争力。

因此，民宿的设计应当结合乡村地方自然与人文资源及农、渔产业文化，结合美食、体验、导览解说和地方深度风土旅游等多元因素，才能够促进民宿产业的发展。

一、民宿设计的原则

民宿设计，整体而言要体现"两特""两怀""两情""两美""两舒"，即民宿要有自己的特色和特产、民宿主人的文化情怀，对宾客的人文关怀，民宿要兼具地方风情和主人情感，民宿环境优美，宾客关系和美，民宿要在保持舒适的同时，让客人舒心。具体体现在以下几个方面。

（一）人与自然和谐共生

在民宿旅游中，游客消费的更多是一种原生态的环境，其周围要具有乡村意象、乡土特色。因此，民宿设计者要遵循人与自然和谐共生的设计原则，既要保证周遭自然景观不受到破坏，又要保证民宿本身的独特风格以及舒适程度。

（1）以尊重的态度对自然及人文环境进行规划设计，使人为的建设对自然环境产生加分的效果。

（2）尊重多样化生物的生存权，避免自然生物栖息地及迁徙路径被破坏，这样才能保持生态环境的完整。

（3）减少地形及地貌之破坏，用最少之人为设计和建造来达到民宿设计的目的。在民宿的规划设计中，无论是建筑、设施还是业态，都应该以环保生态为出发点，尽量就地取材、低碳节能、崇尚自然。

（二）文化与科技共生

民宿是一个地区文化展示的窗口，旅客之所以选择入住民宿就是想远离城市的喧器，找寻一份宁静舒适的生活状态，亲近自然和感受独特的在地文化。

（1）民宿的设计规划必须充分挖掘和突出当地文化元素，以保留并凸显在地元素为前提，表现出当地特色风情的地方，让游客体验到与自己所在地文化不同的新奇感。

（2）民宿设计运用现代科技注重内部构造，兼顾旅客住宿的感受以及民宿整体的舒适程度，要配备完善的家用电器、网络通信等。

（三）创新与品质共存

民宿想要拥有自己的立足之地，不仅要提高自身的服务水平和硬件设施，更重要的是要有先进的理念，充满吸引力的风格以及高标准的服务品质。

（1）民宿要确保高标准的服务品质。一方面，民宿要建立标准化的服务保障体系指导民宿员工的日常工作和民宿的有序运营；另一方面，民宿要打造个性特色的服务来提升品牌价值，主要体现在：富有情调的空间场景布置、高品质的民宿产品、特色配套服务的提供，等等。

（2）民宿在发展中要根据市场需求，结合产业新理念不断地提升与升级。如目前乡村旅游中逐渐出现了"自然农法""众筹农业"的新概念，作为乡村旅游中重要的组成部分，民宿的规划设计一定不能脱离这些新的发展理念，应将其充分地融入民宿的发展中，让民宿迸发出新的活力。

二、民宿设计的要素

民宿设计的不仅仅是一个建筑、一个房间，更多的是对地域特色、人文情感的传递，要从外部环境、空间规划、服务设施等方面做到由外部到内部的呼应。同时，民宿要注重与游客进行深层次的互动与交流，满足游客对民宿多层次的体验需求。因此，民宿应充分融合在地文化，对名字、建筑、功能空间以及文化符号进行精心设计。

（一）民宿名字设计

对于民宿来说，名字即营销的一部分。民宿的定位就是从一个名字开始的。好的名字能够传达该民宿的主题、定位、环境、气质、场景、卖点，反映该地的资源与环境，如岛居白沙、五号山谷；同时还能传达主人的胸怀与气质，如大乐之野、隐居、乡宿、花间堂，等等。一般来说，民宿名字的选择应注意以下几个原则。

（1）诗情画意的名字能够吸引人气。如坐落于松阳县枫坪乡沿坑岭头村的"柿子红了"，柿子红了的季节，在清末和民国的泥墙黑瓦掩映下，一切都如画般美好。西湖边依山面湖的湖景山居民宿"夕霞小筑"则可以吸引客人歇息看花，闲来问茶，体验老式杭州居民的休闲。

（2）凸显主题的名字更容易被感知。如"素食宅"就以提供素食和健康、简单的生活方式而著称；"树也别墅"强调的是"以树为名，与树共生"；广东清远的"二十一度山居"意指全年平均温度21℃，简约而朴实。

（3）富有底蕴的名字更具分享特质。如隐匿于上海朱家角繁华小巷的"璞隐"，客人从名字上就能感受到其"大隐隐于市"的特质；浙江的"大乐之野"取名于《山海经》，意指难以寻觅的美好之地，使得该民宿从字面上就引人入胜。

（4）朗朗上口的名字有利于传播和记忆。如"后院"将一个普通的小院落进行改造，以"友情""亲情""爱情"作为主题进行了三期开发，以其简单的名字和纯真的感情吸引了大批消费者，并荣获了2017年最佳民宿奖。

（二）民宿建筑设计

对于民宿来说，建筑设计需要情怀，更需要逻辑思维。与传统酒店相比，在选址、规模、建筑风格、客房等方面均存在较大差别，无论是改建还是新建，都是为了更好地提炼出历史、人文中的建筑语言。民宿建筑设计主要分为两类：老房改造民宿和新建民宿。

1. 老房改造民宿

老房子是活着的历史和文化，因此很多民宿主会选择老房进行改造，形成历史与现代相融合的民宿建筑。老房改造民宿应该最大限度地保留建筑原有的文化记忆，就地取材对建筑做必要的改造和修缮，一般来说应遵循以下四个步骤。

（1）老房子的改造评估

在老建筑的改造设计中，特别需要注意的是建筑结构的稳固性，在设计之初要对老房子进行评估，以明确是否采取局部或整体加固措施。

（2）民宿风格定位

老房改造民宿的第一步就是根据老房所在的自然环境、周边资源和文化背景，合理定位民宿的装修风格。如西北的窑洞式民宿、江南的水乡式民宿、内蒙古的蒙古包式民宿都是带有强烈地域风格的民宿形式。

（3）根据风格完成民宿的建筑改造和内部装修

在确定了民宿的地域特点及风格定位之后，就可以根据不同的风格进行老房的硬件和软件改造。硬件方面，基础的水电设施、制冷或取暖设备都需要逐一改造和更新。有些老房基础薄弱，本身的建筑格局和材质不能承担民宿的功能，很多民宿主也会对外墙进行大刀阔斧地改造。软装方面，可以采用民族特色的装饰材料及装饰形式进行民宿改造，除了民宿和地方特色的装饰以外，适当增加绿植以及添置一些极具艺术特色的精致装饰物也是民宿改造的常用手段。

（4）改造民宿外部环境

良好的室外环境是民宿游客非常注重的因素。干净整洁的院子、优雅闲适的庭院家具、懒散的几只小猫、雅致的花圃都是装扮民宿外部环境非常好的选择。莫干山地区的民宿就流行用小小的无边泳池作为增加院落通透性的元素。

2. 新建民宿

新建民宿并不代表着摒弃当地的历史和人文,而是为了更好地提炼出历史、人文中的建筑语言,创新是为了更好地传承和发展,建筑虽是新建,但它的根却深深地扎在历史文化之中。新建类民宿应注重体现当地文化,多选用当地的建筑材料来丰富建筑造型。

(三)民宿功能空间设计

民宿作为非标准住宿产品的代表,其功能结构相对酒店而言较为简单。但是其空间组成一般至少要包括院子、大厅(公共空间)、客房、楼梯、餐厅、消毒间、布草间、设备空间等。

1. 院子

院子一般会作为民宿的灵魂,一个没有院子的民宿通常会在竞争中处于劣势。生机盎然的院子总会激发人愉悦的心情,因此民宿的院子不管大小,都要合理布局,首先要有让人停留休憩的空间。如丽江的民宿一般都设有天台,客人可以登上天台一边喝茶,一边遥望玉龙雪山的美景。其次,院子里的布局设计要通过绿植营造四季不同的景观,在院子面积较小的情况下,可以通过微景观丰富院落的内容,体现院落的休憩功能和观赏功能。

图 2-4 民宿的院子

图 2-5 民宿院子中的微景观

2. 大厅(公共空间)

民宿与传统酒店不同的是,民宿更加注重民宿主与客人之间,以及客人与客人之间的交流。因此,民宿的公共空间设计非常重要,它既要满足各种使用功能需求还要体现这家民宿的主题。公共空间一般有接待、会客、餐饮、聊天、休闲等功能，因此一层的空间上尽量不要布置客房。很多民宿都注重公共空间，有的占比甚至达50%以上。该空间的大小最好根据实际所需来确定，如果以工作室为主的必须要有大空间，如果以住宿为主的应缩小其空间，够用就行。

图 2-6　民宿公共空间

为了突出民宿的特色，部分民宿还会在公共空间的功能性上做文章。如有些民宿会直接把公共空间定位为书吧，客人可以选择在这里放松、休息，也可以将电子产品放在一边，静静地阅读、听雨，别有意境。有些民宿会将公共空间设计为一个咖啡厅，让客人沉浸在咖啡香里，漫度时光。

3. 客房

（1）民宿客房的数量及主题设计

民宿的客房数量不宜过多，少到四五间，最多不要超过15间。民宿的客房一般都是非标房间，注重温馨感，很多民宿还会给房间定义不同的主题，并配以不同的装饰。如位于南京夫子庙周边民宿一般深度挖掘秦淮文化，将"秦淮八艳"或者南京城南地区的生活文化融入客房的设计中；部分丽江地区的民宿会体现茶马古道文化；北京地区的民宿则会将京城文化作为民宿客房主题。

图 2-7　民宿主题客房

（2）民宿客房的房型和布局设计

从民宿客房的房型来看，一般大床房占比较大，达 60% 以上的比例；标间一般较少。此外，应对家庭消费群体的需要，民宿一般都会配备面积稍大的家庭房，可同时放置一张大床和一张儿童床。民宿房间的布局可以不用太规整，但一般应包括三个基本空间：卧室、浴室、客厅（或房间内公共活动空间），设计以舒适、布局合理原则为准。所有的客房必须开窗，能配置阳台的房间一般都是在绝佳位置。尽量配置落地窗，增加房间的采光和通透性。室外风景对房间的价格决定因素很大，因此处处见景最好。

（3）民宿的浴室设计

民宿的浴室也是体现客房主题的一个重要区间，设计方面可以不拘一格，但舒适度要高。房间的洗浴应以淋浴为主，浴缸作为辅助配饰，并可以放置在房间的任何觉得合理的地方。

图 2-8　民宿客房的浴缸设计

（4）民宿的消防安全要求

因为客房是客人主要休息的地方，因此客房的隔音效果要好，且从安全要求角度而言，客房的门一般为甲级防火门，房间内要布置烟雾探测器，门后要有民宿紧急逃生示意图。

4. 楼梯

楼梯往往是民宿设计中最易被忽视的室内场所。但若有好的设计，楼梯将会成为民宿点睛之所在。根据现阶段消防要求，民宿的楼梯宽度至少要在1米以上。民宿的楼梯不仅仅起到楼层之间通达的功能，还可以巧妙地结合民宿主题，或采用不同的材质，或设计为特别的造型，或者增加其储物功能，让楼梯也成为民宿表达主题和特色的一个亮点。如南京花迹民宿，设计师余平完全保留了南京老城南四合院原生建筑的岁月"踪迹"之美，整个民宿没有吊顶，没有踢脚线，没有门套窗套，而楼梯扶手的直角被打磨成圆角，与其民宿删繁就简、返璞归真的风格相辅相成。

图 2-9　民宿的楼梯设计

5. 餐厅

餐厅并不是民宿必备的设置，很多民宿本身只提供住宿，而不提供餐饮产品。但是，为了方便客人，部分民宿也会提供简餐或者有特色的餐食，因此餐厅面积一般较小，功能较为简单，但装修应与民宿主题呼应，必要时还需具备让客人自己动手操作的功能。民宿餐厅里提供的餐饮产品在外观设计、装盘、菜品等方面要与民宿的主题文化保持一致性。

图 2-10 民宿的餐厅设计

6. 消毒间和布草间

尽管民宿被称为非标准住宿，但是其产品和服务的品质应该是标准化的，因此民宿必须配备消毒间，用于客房内杯具以及餐厅里碗筷等物品的消毒。同时，民宿应单独设置布草间，最好做成橱柜式，满足布草摆放需求。

7. 设备空间

民宿要充分留足设备空间。太阳能是降低能耗最直接有力的方式，一般都设置太阳能热水，同时增加另外有效的水加热设施（空气源等），两套设备可以同时运作也可以自由切换。要充分考虑储水箱的位置（水箱一般较大），监控设备一般以小型的为主，可以主要设置在接待台。

此外，民宿还应充分考虑停车场所的设置。一般消费者住民宿都以自驾为主，因此，民宿周边要有方便且安全的停车场所。部分民宿因为位于村落内，周边都为农户，客人到达民宿没有便捷的停车场所，只能停在民宿门口或者周边的路上，给周边农户带来极大不便。

（四）民宿文化符号设计

民宿设计要突出体现地域性特征的文化符号。具体到实践中，应该针对具体的区域，先刻画出地域文化的主脉络，通过进一步的概念化，归纳出成系统性的文化符号，再将这些符号演绎到具体的建筑与景观改造工作中。概括起来，这要做到"生活符号艺术化，文化符号系统化，形象符号商品化，商品符号产业化"，使整个符号系统有活力，有品位，成体系，可延展。具体到一个门把手、一盏路灯、一个指示牌、一个垃圾箱、一个餐桌、一套餐具，都可能成为文化的符号、形象的体现、现实的旅游商品。

图 2-11　民宿餐厅提供的特色茶包

【本章小结】

民宿的选址和设计决定了民宿未来的经营方向。民宿在选址前要掌握民宿行业宏观发展态势，明确民宿的性质和定位，并了解民宿建立的相关政策，并充分考虑区位、环境、交通、资源、设施等因素。同时，要从名字、建筑、功能空间、文化符号等方面创新民宿设计。

【思考与练习】

1. 简答题

（1）民宿选址的重要意义是什么？

（2）民宿选址要做好哪些方面的准备？

（3）民宿设计的原则是什么？

（4）民宿从哪些方面进行设计？

（5）民宿的功能空间包括哪些？

模块三　民宿投资收益风险评估与筹资

【案例导入】

理性看待民宿经营[①]

最近这几年,民宿可谓是站在了风口上,吸引了越来越多的投资人。微博、朋友圈也流传着很多富有情怀的人离开北上广,去大理、丽江、三亚、成都、拉萨开客栈的故事,他们的事迹简直可歌可泣。

不过,火热的民宿潮,也让不少投资人经历了冰与火的洗礼。开个民宿很容易,但想靠民宿赚钱,却很难,甚至根据一份业内调查统计,95%的民宿都是在亏钱。

这位女掌柜姓常,因为喜欢成都慢节奏、悠闲生活,2017年,举家从北京搬到了成都,买了一套房子给父母住。

没过多久,她又租了两套房,除了一个单间自住,其余的全部用来做民宿。

做第一套房子时还没经验,但也只用了10天左右就租出去了,第一位客人一住就是一星期。这让她觉得做民宿有戏!于是又租了一套房,扩大经营规模。

有了一定的经验之后,她发现来钱特别快,往往布置好的房间第二天就能接到订单,而且刚上线,基本上一个星期的订单都满了。

当时的她,真心觉得民宿钱太好赚,按每天328元的价格来算,一套房一个月的收入差不多有1万元。

然而,好景不长,8月8日,九寨沟地震了,这一场地震也波及了当地的旅游业,当时已经有的订单,全部退单了。

这样惨淡的情形一直持续到"十一"。十一假期高峰,几乎家家爆满,但没几天之后,就又进入空房期了。又开始了新一轮的苦等,有时候一个月也接不到几个单。

开一天亏一天,小常的妈妈实在看不下去,劝她把房子退掉。无奈之下,除了自住的那一套,其余的她都退掉了。

至此,她的民宿梦宣告结束,从7月底到10月底,只维持了3个月。

[①] 资料来源:Timtxu.做民宿95%亏得一塌糊涂?我们为跃跃欲试的你来算一笔经济账![EB/OL].(2018-12-03).http://www.360doc.com/content/18/1203/12/29234429_798961837.shtml

因此,她给自己算了一笔账:

第一套房,按3个月时间算,租房总成本:9000元。第一套毛坯房自己装修的,成本高。

第二套房,租房总成本:17 500元。(有中介费,另外,提前退房被扣掉一个月押金)装修及物资采购,费用约17 000元。

三个月的收入:17 461.4元。(第一套房子收入5461元,第二套房子收入12 000元)

最终的结果是:在经历各种希望失望交替,反复折腾3个月之后,实际亏损26 038.6元。

小常的经历非常有代表性,在花费大量精力之后,宣告自己的民宿梦破产了!

因为规模比较小,所以最终的亏损还算是在自己能够接受的范围之内,但对绝大多数想要从事民宿行业的人来说,动辄投资数百万甚至更多,在看好民宿这个行业的同时,我们不能不算一笔经济账,认真衡量投入产出比。

学习目标

- 了解民宿投资收益和风险评估的重要性
- 了解民宿投资收益和风险评估的关键财务指标
- 掌握民宿投资收益和风险评估的方法
- 掌握民宿筹资的原则与方法

【学习任务导图】

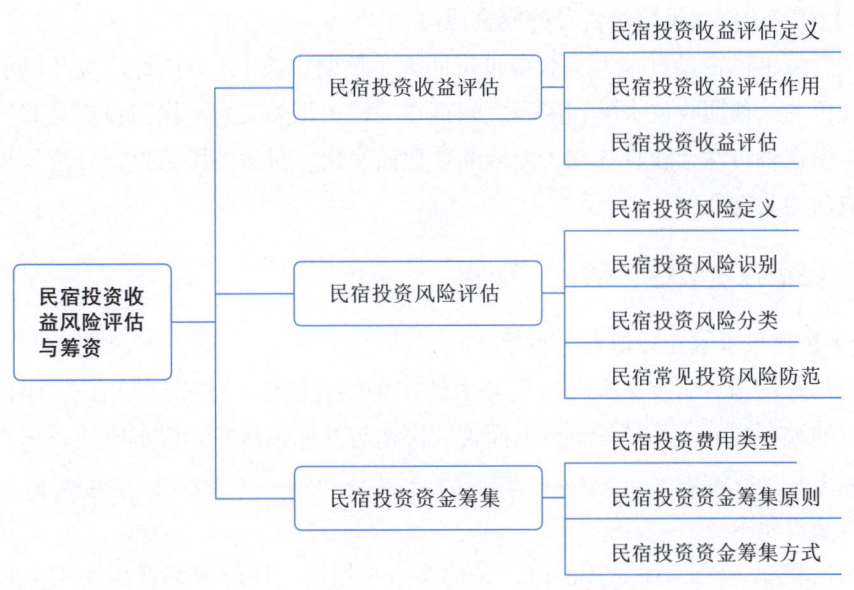

项目一　民宿投资收益评估

伴随着国家乡村振兴战略的实施,以及本地人游本地的内循环消费政策的出台,远离城市喧嚣的乡村民宿走进人们的生活,越来越多投资主体将资金投入民宿行业,民宿投资评估被大家广泛关注。

一、民宿投资收益评估定义

民宿投资收益评估,就是对民宿投资项目的经济效益和社会效益进行分析,并在此基础上,对民宿投资项目的技术可行性、经济盈利性以及进行此项投资的必要性作出相应的结论,作为投资决策的依据。

二、民宿投资收益评估作用

(一)有利于提高民宿投资决策的科学性

在投资决策时,民宿投资者应当正确认识民宿投资项目在风险性、收益性、流动性和时间性方面的特点,借此选择同自己的要求相匹配的投资对象,并制定相应的投资策略。

(二)有利于正确评估民宿的投资价值

只有当民宿处于投资价值区域时,投资该民宿才是有的放矢。民宿投资分析通过对可能影响投资价值的各种因素进行综合分析来判断这些因素及其变化可能会对民宿投资价值带来的影响,有利于投资者正确评估民宿的投资价值。

(三)有利于降低民宿投资者的投资风险

投资者从事民宿投资是为了获得投资回报(预期收益),但这种回报是以承担相应风险为代价的。预期收益水平和风险之间存在一种正相关关系。民宿投资具有风险—收益特性,而这种特性会随着各相关因素的变化而变化。科学的民宿投资分析是投资者获得投资成功的关键。

三、民宿投资收益评估

(一)民宿投资收益评估财务指标

要经营好民宿,必须掌握与民宿相关的主要经营指标,才能更好地进行财务分析,确保民宿的盈利能力。从财务指标上而言,民宿与其他民宿并无根本不同,核心指标应该包括以下几个要素。

1. 客房出租率

客房出租率(Occupancy Rate),又称客房占用率、住房率和客房销售率等,是指民宿租出去的房间数占它拥有的可出租的房间数的百分比。

$$客房出租率 = \frac{出租的房间总数}{可供出租房间总数} \times 100\%$$

出租的房间就是被租出去或者被占用的客房的数量，免费房因为没有产生收入，不能计入出租率。如一个民宿的可用房有 15 间，当日出租 12 间，则其客房出租率就是 80%。

客房出租率反映了民宿客房产品被消费或被销售的情况。客房出租率越高，则意味着客房空置率越低，客房出租率越低则客房空置率越高。

2. 平均占用房价

平均占用房价（Average Daily Rate，ADR），是指每间被租用的客房的平均出租价格，又称平均房价。

$$平均占用房价 = \frac{出租的房间的总收入}{出租的房间的总数}$$

如某民宿某天有 12 间客房被占用，共获得 4800 元收入，那么其平均占用房价就为 400 元。因此，在客房出租率一定的情况下，提高平均房价就可以提高民宿的客房收入。

3. 平均可供出租客房收入

平均可供出租客房收入（Revenue per Available Room，RevPAR），也称平均客房收入，是指平均每间可供出租的客房每天能够为民宿带来的收入。

$$平均可供出租客房收入 = \frac{出租的房间的总收入}{可供出租的房间的总数}$$

仍以上述民宿为例，如果该民宿可供出租的房间总数为 15 间，那么它的平均客房收入应该是 320 元（4800÷15）。如果该民宿能够将其可供出租客房收入提高 20 元，那么它的客房总收入将提高 300 元（20×15）。可见平均可供出租客房收入直接反映了单位产品（客房）的创收能力。由于民宿客房数量相对固定，可供出租的房间数目也固定，所以提高平均客房收入是提高客房收入的最重要途径。

4. 营业支出／成本

根据民宿的经营特点，营业成本主要包括民宿经营过程中发生的各项费用开支；营业支出内容大致包括以下几个方面：运输费、保险费、燃料费、水电费、广告宣传费、差旅费、洗涤费、低值易耗品摊销、物料消耗、经营人员工资及福利费、工作餐费、服装费等直接在运营中产生的费用。

5. 非经营支出／成本

非经营性支出，指资本性支出，比如用于建设或购置民宿固定资产等资产性的支出，如：民宿前期一次性建设成本包括软装、硬装、物品采购等（见表 2-1 至表 2-5），房屋租金也往往被作为非经营支出成本。

表 2-1　民宿硬件装修成本核算建议表格

硬装成本						
序号	硬件装修内容	单位（平方米）	数量	单价（元）	合计（元）	备注
1	拆除房顶					
2	砌墙、浇筑房顶					
3	房间地面					
4	内墙涂料					
5	外墙涂料					
6	卫生间防水					
7	空调底座					
……	……					
水电成本						
	上水开槽					
	冷热水管					
	下水挖沟					
	房间电路					
	室内分闸箱					
……	……					
	总计					

表 2-2　民宿软装灯具五金部分成本核算参考表格

序号	名称	品牌	型号	单价（元）	数量	总价（元）
1	马桶					
2	面盆					
3	毛巾水杯架					
4	花洒					
5	化妆镜					
6	卫生间灯					
7	卫生间排风					
8	客厅灯					
9	卧室灯					

续表

序号	名称	品牌	型号	单价（元）	数量	总价（元）
10	床头灯					
11	楼梯灯					
12	大厅灯					
13	卫生间射灯					
14	水龙头					
……	……					

表 2-3　民宿软装家具成本核算参考表格

序号	名称	品牌	型号	单价（元）	数量	总价（元）
1	床垫					
2	床架					
3	房门					
4	卫生间门					
5	防火门					
6	L 形沙发					
7	茶几					
8	折叠沙发					
9	书桌					
10	椅子					
11	行李架					
12	床头柜					
……	……					

表 2-4　民宿软装电器成本核算参考表格

序号	名称	品牌	型号	单价（元）	数量	总价（元）
1	电视					
2	电话座机					
3	电吹风					
4	热水壶					

续表

序号	名称	品牌	型号	单价（元）	数量	总价（元）
5	保险柜					
6	打印机					
7	公安系统					
8	插座					
9	手机					
……	……					

表 2-5　民宿软装客用品成本核算参考表格

序号	产品名称	规格	单位	数量	单价（元）	总价（元）
1	床单					
2	被套					
3	枕套					
4	杯子					
5	枕芯					
6	毛巾					
7	浴巾					
8	地巾					
9	浴室防滑垫					
……	……					

6. 营业毛利及营业毛利率

营业毛利（Gross Operating Profit，GOP），是指营业收入减去营业成本、人工费、营运部门的直接费用、后台部门的直接费用后的余额。

营业毛利 = 营业收入 - 营业支出（成本）

营业毛利主要是衡量扣除民宿日常营运过程中的消耗之后，民宿主能够获得的收入，其与民宿的建造、装修、设备等固定资产无关。因此，能够更加直接地反映民宿运营的水平，而非投资的水平。

营业毛利率（Gross Operating Profit Rate，GOP Rate）是指营业毛利占营业收入的比重。

$$\text{营业毛利率} = \frac{\text{营业毛利}}{\text{营业收入}} \times 100\%$$

7. 营业利润

营业利润（Operating Profit）是指民宿营业毛利减去房租、折旧等非经营费用之后的利润，是一项全面体现民宿经营状况和最终财务成果的综合性指标。

$$\text{营业利润} = \text{营业毛利} - \text{非经营费用} = \text{营业收入} - \text{营业支出} - \text{非经营费用}$$

8. 利润总额

利润总额是指民宿的营业利润加上营业外收入，扣除营业外支出的部分，即：

$$\text{利润总额} = \text{营业利润} + \text{营业外收入} - \text{营业外支出}$$

9. 所得税费

所得税费是指按中国税法规定、企业经营的主要业务应负担的税费，包括但不限于增值税、城市建设维护税及教育附加费。

10. 净利润

净利润是指民宿利润总额扣除所得税费的部分，即：

$$\text{净利润} = \text{利润总额} - \text{所得税费}$$

11. 投资回报率

投资回报率（Return on Investment，ROI）是指民宿主通过投资而应返回的价值，即民宿主从该民宿投资活动中得到的经济回报。

$$\text{投资回报率} = \frac{\text{净利润}}{\text{投资总额}} \times 100\%$$

（二）民宿投资收益评估方法

基于民宿的特点，一般采用收益法及成本法求取评估对象的价值。民宿作为一种能直观获取长期收益的经营性不动产，其经营管理水平的高低，配套设施设备齐全与否，民宿经营的信誉等诸多因素都会体现在民宿的无形价值之中。针对民宿的特点，通常选择收益法作为其首选方法之一。其估算思路是：首先，测算民宿各项营业收入及各种类型的运营财务指标，得出年总经营收入和年总经营支出；其次，将总经营收入扣除年总经营支出、非经营费用、营业外支出和所得税费等，得到年总净利润。最后，选取适当的报酬率，将未来预期各期的净收入，折算到估价时点上的现值，求其之和得出剩余使用年限的收益价值。

例如：假设你是一家民宿的业主，经营一家位于旅游景区的小型民宿，仅有1间客房。以下是该民宿的财务数据与计算过程：

收入：

平均每晚房价：200元

每月出租天数：20天

总收入：200元/晚 × 20天 = 4000元/月

成本：

房屋折旧费：每月100元

维护和修理费用：每月200元

清洁费用：每月150元

基本设施和家具更新费用：每月50元

总成本：100元 + 200元 + 150元 + 50元 = 500元/月

利润：

总收入 − 总成本 = 4000元/月 − 500元/月 = 3500元/月

投资回报率（ROI）：

投资额：假设你购买民宿的成本为100万元

每月净利润：3500元/月

年净利润：3500元/月 × 12个月 = 42 000元/年

ROI：（年净利润/投资额）× 100% =（42 000元/100万元）× 100% = 4.2%

现金流量：

每月现金流入：4000元/月

每月现金流出：500元/月

每月净现金流：4000元/月 − 500元/月 = 3500元/月

【相关链接】

民宿的成本、成本预算及其控制

（一）民宿的成本

一般而言，民宿的成本包括建设成本和运营成本。

1. 建设成本

民宿建设成本是指民宿前期除了房租以外的花费，其中最核心的部分为民宿的设计与装修。民宿的设计费高低与设计团队实力成正比，也跟民宿的设计规模直接关联。民宿主在选择设计团队时应多维了解团队的实力，注重沟通，确保设计成品能够符合预期规划、便于后期装修、符合民宿运营的需要。民宿的装修包括硬装和软装两部分。硬装指的是除了必须满足的基础设施以外，为了满足房屋的结构、布局、功能、美观需要，对房屋建筑主体的改造以及添加在建筑物表面或者内部的一切装饰物。在装修前，民宿主要有长久的规划，避免装修两三年以后硬件老化，要再次装修的短期行为，且要考虑民宿的定位和功能需求，部分民宿的硬装只是对原来房屋的简单修缮，成本较低。但部分民宿涉及对原有房屋的结构变动，如徽州地区的民宿还涉及对古宅的保护和修缮，成本则较高。当然，在硬件装修过程中会遇到很多前期没有预料到的临时性问题，因此，硬件装修也是前期筹备中最容易超支的一部分。为了严格控制成本，在硬件装修时应做好成本表格，备注好细节。

2. 运营成本

民宿运营成本是在运营过程中提供相关产品而产生的成本，与民宿的运营模式相关，也是民宿运营过程中的固定支出金额，包括房租、人工成本、水电、消耗品、维修和维护成本、营销成本等。

（1）房租。民宿房租是指房屋租赁人付给房主的租赁押金和租金，也就是租住房屋时要付出的钱。特别注意的是，有部分民宿是利用自有住房，这时并不意味着不产生房租，因为房屋本身具有自身的价值，无论经营的物业是自有还是他有，在民宿经营过程中都产生了成本。根据国内的经验，房租一般占民宿运营成本的五分之一到六分之一左右。

（2）人工成本。人工成本是指民宿在一定时期内，在生产、经营和提供劳务活动过程中因使用劳动力而支付的所有直接费用和间接费用的总和，包括民宿雇佣员工的工资、社会保险费用、福利费用、教育经费、劳动保护费用、住房费用以及其他人工成本支出。民宿一般提供的是有限服务，也就是很多环节要让客人自己动手。所以，一般民宿的员工客房比在 0.2~0.3。为了提高消费者的入住体验，民宿管家的功能相当重要，他能够依托自己较高的素养，为客人提供高标准的服务，进行日常运营，并且传播民宿文化。和房租一样，部分民宿是由民宿主和自己家人打理，这部分劳动力产生的价值也应纳入人工成本中。

（3）水电成本。民宿在运营过程中所产生的水费和电费。按照规定，民宿的水费和电费应该按商用计算。

（4）消耗品。民宿消耗品主要包括洗发水、沐浴露、一次性牙刷、牙膏以及其他配套的供客人免费使用的产品等。另外，民宿送洗布草产生的费用，也是日常损耗的一部分。

（5）维修与维护成本。民宿硬件、电器等产品的使用年限取决于日常的使用方式。如果日常运营过程中，只是一味使用，缺乏定期维护和保养，将大大减少其使用寿命，提高成本。因此，民宿的维修和维护成本必不可少。

（6）营销成本。民宿的营销渠道比较宽广，各种短租信息平台和专业民宿平台已经相当成熟，信息费大概在 8%~12%，除了第三方平台信息发布，通过自媒体发布信息是各民宿推广的首选，好的民宿自营公众号都比较成功，公众号与公众号之间的友情链接也是重要的宣传方式，公众号内容的含金量相当重要，什么样的文化输出决定了该民宿会吸引到什么样的住客前往。

（二）民宿成本预算

为了更好地控制民宿经营成本，进行合理全面的成本预算非常有必要。一般来说，民宿成本预算需要考虑以下几点。

1. 间夜原则

在考虑民宿成本时，要将所有成本平摊到每个房间每一夜的水平，为定价提供基准。这里间夜成本有两种计算方式：第一种是100% 出租率间夜成本＝年运营成本总额÷房间总数÷365天。如民宿全年运营成本为60万元，如果该民宿有10间房，那么间夜成本应该600 000÷10÷365，即民宿100% 出租率时间夜成本约为164元。第二种是高间夜成本＝年运营成本总额÷房间总数÷（365天×出租率）。如民宿所年运营成本为60万元，如果该民宿有10间房，实际出租率只有50%，那么每间夜的成本应该为600 000÷10÷（365×50%），为329元/间夜。民宿在定价时，应该高于高间夜成本，否则入住率越高亏损越多。

2. 装修回收期

做成本预算时一定要估算好装修回收期。一般装修回收期在3~5年比较合理，在此情况下，装修投入的费用不管是按照利率计算还是按照其他项目投资对比来看，都较为合理。如果超过5年还没有回笼资金，就无利润可言。

3. 价格体系

民宿经营时有一个具有相对普适性的公式：客房数量×客房最低价×全年280天×0.7＝全年房租＋全年人工支出＋全年损耗支出＋全年水电＋装修费用每年均摊。通过这个公式可以计算出客房最低价。这里全年280天指的是淡季天数，从国内民宿经营情况来看，一般民宿能保证每年90天满房，并且满房的时候价格不会低。0.7是全年出租率的估算。一般情况下，价格体系确定后不要随意变动，应在这个价格上下有限浮动。

4. 装修材料

进行成本预算时应该选用一些能够持续长久使用的物品，尽可能地去选一些被回收的时候还能够保值的物品来进行装修和装饰。现在很多民宿在装修选材时并没有考虑到选材的耐用性，这样对自己以后的经营支出会有很大影响。既要注重保值，又要注重耐用性。

（三）民宿成本控制

民宿可控成本主要集中在以下几个方面：人力成本、物耗成本、能源成本、销售成本等。

1. 人力成本控制

人力成本是民宿运营时比重较大的支出，如果能合理用工，有效提高劳动率，则可以大大节约人力成本。具体方法包括以下几点。

第一，优化人员架构体系，精减人员。通过对每个岗位、工作量、淡旺季分析，在保证服务和工作质量不变情况下，优化人员架构体系，精减现有人员。

第二，提高员工综合素质，加强员工培训，提高工作能力。使之由工作单面手变成多面手，从而减少对员工数量的需求。把每一个员工打造成能接待客人、能网络推广、能维修设施、会打扫卫生等全能角色。如重点培养或者招聘专业素养高、能力强的民宿管家。

第三，制订合理的薪酬方案。很多民宿采取传统单一的固定工资薪酬体系。这种体系的弊端很明显，旺季时民宿盈利较多，员工付出多，工资没变，这会打击到员工积极性。淡季时候，民宿挣得少，员工付出相对较少，工资依然不变，这会影响民宿利润。民宿可以采用基本工资＋绩效工资＋福利这种薪酬体系。这种形式更加多样灵活。多劳多得、能者多得，能够极大激发员工的积极性，从而能够提高工作效率，创造出更多利润。

第四，淡旺季人员合理安排，减少人员成本支出。由于淡旺季客流量的差别，对应则是淡旺季工作量的差别，尤其体现在客房打扫卫生人员数量上。对于这种差别，要灵活安排人员。如旺季在保证现有人员不变情况下，可以通过兼职形式来招聘打扫人员。或者通过时间调整，安排其他人员一起打扫。

2. 物耗成本控制

物耗成本涉及范围较广，是成本控制中可控空间最大的一个。物耗成本如果进行合理有效的控制，在整体上形成一套采购、使用流程制度，加强耗品数据统计分析，提高人员节约意识，能够最大程度上提高利润空间。具体操作方法包括以下几方面：

（1）客房物耗成本控制。一方面，根据民宿文化理念及其所处位置，选择使用易耗品。如一些处在海边的民宿，倡导保护环境、不使用一次性易耗品。客人也能够理解，从而节省了部分易耗品的支出费用。另一方面，在不影响房间入住体验感情况下，根据价格、淡旺季情况搭配不同易耗品（数量、质量）。如房间价格高情况下，房间易耗品可以放置六件套甚至十件套，牙膏、牙刷、沐浴露、洗发露、护发素、润肤露、浴帽、针线包、鞋擦、梳子、剃须刀、护理包等。在分量上，可以选择小瓶装。在淡季价格低的时候，减少易耗品套装数量。一些易耗品可以放在前台，客人有需要可以到前台来取。在质量上，可以换成价格较低、使用时间长的大瓶装。

（2）餐饮物耗成本控制。餐饮成本的控制直接影响到餐饮的营业收入和利润，进而影响到民宿的整体收入。餐饮成本要从整体上进行控制，包括采购、库存发放、粗加工、切配、烹饪、服务、结账、收款等环节。在这个体系中，每一个环节都会影响到成本。食材最好就地选购，减少运输成本。如果采购量大，挑选合适的供应商，建立长期合作关系。保证食材供应稳定及食材价格低于市场价格。做好库存管理，库存不当，则会引起食物变质等情况。在每天需求量少的情况下，减少库存数量，做到当天定量采购。

很多民宿会提供免费早餐。在这个环节中，由于没有合理预估，造成很多食物浪费。解决的方案包括：第一，制定早餐提供时间表，灵活调整早餐提供的种类。在保证食物质量的前提下，根据季节及食物价格，灵活更新早餐提供种类。第二，量化食物，做到某些食物提供量与客人数量对应。如为每位客人提供一杯牛奶或两个鸡蛋。在准备时候，也可以稍微多出一些，防止出现客人不够吃情况。第三，根据每天客人剩余食物量做数据统计分析，选择更换食物种类及数量。如规定每天每人两个鸡蛋，几个月的数据表明，80%的客人每天只吃一个鸡蛋，那么接下来就可以调整鸡蛋的供应量。

3. 能源成本控制

水、电、气每年费用支出会占到民宿支出的很大一部分。在水电网费用不变甚至上升的情况下，只有合理、节约使用，才能降低成本支出，从而实现成本控制。在进行能源成本控制时，总体上要制定合理规划的水电使用规则，杜绝浪费水电，提高客人和员工节约使用水电意识。具体包括：第一，根据季节、天日长短调整晚上亮灯时间、亮灯位置。如夏季 19：00 冬季 18：00 打开走廊、大厅、招牌等灯。23：00 熄灭公共空间部分灯，24：00 熄灭除走廊以外所有的灯，早上 7：00 熄灭走廊灯。第二，根据情况，更新更换大功率用水用电设备。虽然短时间内造成成本支出，但从长远角度看，则减少了成本支出。第三，水的合理循环利用，尽量做到一水多用。如清洁客房的水用来浇花浇草。

4. 销售成本控制

民宿销售渠道较窄，过度依赖 OTA 平台。而 OTA 平台的佣金一般都要达到价格的 15% 左右，这对民宿这种量小的住宿形态，是一个不小的负担。控制的方法包括：第一，拓宽销售渠道，减少对 OTA 平台的依赖，降低佣金成本。如通过提升服务、提升客人入住体验感，从而通过客人的口碑宣传，增加推荐客人来源渠道。第二，根据淡旺季客人流量，适当性进行房态操作。如春节期间，由于线上线下客流量巨大，如果民宿有 20 间客房，那么可以拿一部分在 OTA 上销售，一部分选择在线下销售。全部在线下销售也不妥，会影响到客栈民宿与 OTA 的合作及在 OTA 平台上的排名。第三，加强网络营销推广，扩大直销平台客人来源。

项目二　民宿投资风险评估

一、民宿投资风险定义

民宿投资风险是指投资者投资民宿类项目带来投资收益的不确定性，可能会使投资者遭受投资收益损失，甚至投资本金损失。

二、民宿投资风险识别

民宿投资风险识别是指把民宿投资中的风险因素识别和提炼出来的过程，只有把风险因素准确地识别和提炼出来，才能进行下一步的风险评估和风险控制工作。风险识别的方法有头脑风暴法、德尔菲法、情景分析法、流程图法等多种方法，德尔菲法是最常见的风险识别方法。挑选 5 位风险管理专家和 5 位民宿行业资深高级管理人员共同组成风险评估专家组，专家先以匿名投票方式对潜在风险因素进行评估排序，再匿名反馈给各位专家，重复操作 4 次，最终使专家的意见趋同一致。民宿投资风险排名前五的风险分别为宏观经济风险、市场竞争风险、经营效益风险、工程项目管理风险和合规风险。投资风险识别的依据包括工程项目规划、历史资料、制约因素和假定等。项目规划中的项目目标、任务、范围、进度计划、费用计划、资源计划、采购计划及项目投资方、承包方和其他利益相关者对项目的期望值等都是项目风险识别的依据。

三、民宿投资风险分类

（一）规划期间风险

规划环节是影响一个民宿是否获得成果的最核心因素，民宿在规划期间会遇到很多不确定性因素，加上民宿规模动辄上百万、千万是属于长期回报物业，其经营回收期较长，前期一次性投资较大。因此要做好民宿的投资控制规划方能降低风险。

1. 政治风险

政治风险指因国家宏观政策（如货币政策、财政政策、行业政策、地区发展政策等）发生变化，导致民宿行业及市场产生的风险。例如：地方政府部门增加了市场准入门槛，民宿建设项目贷款资金利息政策变化等，民宿因受到政策、法律因素的影响而无法如期建设或运转。

2. 经济风险

经济风险主要指由宏观环境变动所造成的巨大经营风险，主要包括我国宏观经济状况发生危机，在这些情形下，由于人们的消费欲望和消费水平降低，客房入住率减少，餐饮、娱乐的营业额也下降，最后造成营业损失。民宿属长期回报物业，其经营回收期较长，前期一次性投资较大。而金融政策的紧缩可能导致资金获取难度加大及资金成本上升。

3. 开发时机风险

民宿产品具有生命周期，一般来说民宿处于社会经济蓬勃发展的时期，消费者对于外出旅游消费具有较强欲望，但如果社会经济衰败或者大环境不好的时候，消费者则对于外出旅游消费的欲望不高，容易出现民宿开房率低且平均房价低的问题。因此，民宿在开发时期，民宿投资人如果错失了最佳融资良机，其所面临的投资项目风险系数也将会随之加大。

4. 可行性研究的风险

为了使民宿项目投资决策过程更为科学，民宿开发者往往利用可行性研究工具对民宿项目所在地区域的客源市场、选址、总体功能布局、产业政策等内外部发展状况进行分析，在此基础上对民宿产品作出市场和功能定位。并根据民宿产业发展状况和顾客消费变化趋势，进行民宿项目策划设计，再根据民宿设计进行建设投资总额、经营利润和资金流状况等财务指标及可行性评估，最后对民宿假设投资可能性作出结论。但可行性研究报告也只是适用于当下的情况，仅作为未来市场走向的依据，却不能代表未来发展，例如：疫情、战争的突然爆发，以及预测工具及数据的偏差都可造成可行性研究的风险。

5. 资金风险

相对其他投资项目，主题型民宿的投资规模较大，因此需要投入较大的资金，因此如果资金运转不良会造成资金周转不灵的现象。此外，民宿投资资本有一部分资金来源于风险投资，会有多种不确定因素和不可预期因素，它可能给活动主体带来威胁。另外，不合理的资本结构，过高的资产负债率，会导致偿债能力低下，民宿融资信誉下降，到期债务无法清偿，陷入严重的债务危机，易引发资金撤出风险，影响民宿的正常运转，甚至导致民宿倒闭。

（二）筹建期间风险

1. 工程项目招标风险

国有民宿项目的建设实施中，往往会涉及项目的招投标。尤其是一些配套完善，投资金额较大的民宿项目，在项目建设和管理过程中都将面临生命和财产安全。为降低该类风险，国家制定了招标制度并要求企业必须执行。一般出现该风险问题主要是因为招标人员因利益问题，私下被收买导致最终选择价格低且工程建设水平低或产品水平低的竞标者。

2. 工期风险

民宿投资建设是一个相对长时间的过程，特别是规模大、档次高的民宿投资建设，若施工无法按照既定的时间节点完成，这就会导致民宿的资金回收期拉长，而民宿一直无法投入使用，将无法为投资者产生营收和现金流、利润。在这类风险内，最不稳定的因素就是建设承包商，因为承包商可能会因为质量、材料、工人、管理问题导致延迟工期。

3. 建设风险

建设风险指在民宿工程建设中，严格背离了原来的民宿位置和建筑设计指引，或者在此期间建筑物、机器设备和劳务价值大幅度地增长，由于施工时限过长、施工管理费增加、投资总额加大、投资回收期拉长，投资回报率将会明显降低，从而导致民宿建设风险。

4. 成本风险

任何一家民宿投资的最终目的之一就是获得盈利，使利润最大化。但民宿项目在开发建设的过程中，如果投资成本上升就会导致投资者获得的利润下滑，但民宿的建设期会根据民宿规模大小增加或缩小，但一般来说，投资者基本都是分期分阶段购买建设期所需的材料，而民宿投资总成本中的百分之六十都是材料成本，如果建设期间出现用料价格提高就会相应增加投资建设的成本。如2021年下半年钢材材料价格都在上涨也导致不少民宿在2021年的投资总成本上涨。

（三）运营期间风险

1. 市场风险

目前民宿产品面临着激烈的市场竞争，这种竞争不仅有现有民宿企业之间的竞争，同时还有潜在进入者的威胁。随着潜在进入者与行业内现有竞争对手两种竞争力量的加剧，往往会采取"价格战"策略打击竞争对手，因而影响产品价格波动进而影响价格收益。民宿在市场运营的过程中，由于管理者在相关的度假产品服务投入、民宿营销、客户管理、成本控制等方面缺乏经验而造成的决策错误或管理疏漏风险，造成无法完成经营目标。

2. 竞争风险

竞争风险是指民宿自身竞争力不足或供给失衡带来的竞争环境恶化。因此，我们建议民宿应凭借自身的资源优势、产品特色和管理创新，提升民宿及度假村行业的发展水平，形成民宿固有的客源群体和市场知名度，而且当民宿经营到一定年限后，应对民宿进行局部或分阶段的装修、更新改造等事宜，同时民宿应在软实力上不断提升，从而在市场中保持较高的竞争力水平。

3. 突发事故和不可抗力风险

突发事件和不可抗力因素主要包括了区域疫病（如中东呼吸综合征MERS等），以及影响区域内的交通条件或重大污染事件等社会事故，另外还有大风、山洪、火灾、地震等自然天灾，此外还有恐怖袭击、战争等社会因素风险。

四、民宿常见投资风险防范

（一）财务风险防范对策

在民宿建设和运作过程中加强对工作人员尤其是财务负责人员的培训，提高他们的业务素质和学习适应能力。

由于民宿固定资产的投资比例很大，民宿资金在短期内难以收回，因此可适当采取前期投资风险分担的措施。例如在民宿筹建初期可开展消费性众筹，以减少投资成本回收压力和风险。

（二）技术风险防范对策

在民宿预订、运营管理技术的更新方面要加大培训投入，可以直接从各大中专院校引进专业人才。针对民宿专业经营人才的流失，民宿不仅可以提高薪酬和奖励，还可以将关键人员吸收为民宿股东，实现利益共享。

（三）市场风险防范对策

从产品角度，民宿企业要降低市场风险，实现长期利益最大化，就必须通过不断淘汰旧产品、开发新产品达到最优产品组合。从客户角度，降低其市场风险重在开发多样化的民宿客户群，以充分实现其产品价值，降低产品销售的市场风险。根据市场的变化，随机调整民宿产品的结构，选择民宿最有利的目标客户，利用强有力的营销组合和客户服务建立高知名度、高美誉度、高忠诚度的品牌形象。

专业民宿管理公司在民宿产品开发管理和市场销售等领域拥有丰富的管理经验，一般来讲，委托知名民宿管理公司管理可以相对有效地规避经营风险。一个专业、知名度高的民宿管理公司会在很大程度上规避上述问题或者用较为成熟的处理模式解决上述问题。知名民宿管理公司拥有健全完善的效益管理机制，能够准确对民宿各大职能部门的资源进行最科学、最合理的协调配置，按照成熟的运营 SOP 进行管理，也可以相对有效地规避经营风险。

（四）资金风险防范对策

民宿作为经营性物业，其投资回收年限较长，抗风险能力较差。所以控制民宿的开发成本，在民宿发展过程中需逐步编制投入的概算和融资计划，并在过程中对建筑成本费用实行控制。做好成本预算，确定民宿各职能负责人之间的权责关系，以及民宿资金管理的相关机制、制度。因为民宿也是一个现金迅速流动的场所，所以在实际经营中，有关民宿的应收应付款、存货储备数量，以及现金流管理和预算上应做好相应的收支管理程序。做好细致的融资计划和严谨的融资投放规划，储存充足的自有流动资金，和融资单位良好的信息沟通，保证融资可以按计划进行。

（五）建设风险防范对策

民宿建设中，尽量选择有实力、施工技术能力较强且在行业具有良好口碑的承包企业。选用具有弹性的，抵抗风险能力较强的技术方法，对民宿周边环境等情况进行细致勘察与评估，并提供多套备选方法，以采取不同措施，严格监控技术方案质量，对技术方案进行审核并尽量避免出现施工过程中的返工现象。后期还要设置相应的监督制度，定期对规划、消防等验收民宿工程情况进行抽查。对无法消除的经营风险，比如民宿设施的质量损失、第三者责任，或者民宿建设工程中人员工伤等可采取购买保险的方法处理，以降低民宿的损失程度。密切注视建筑材料、机械设备和劳动力等建筑成本要素的市场物价变动，并适时地根据上述市场物价变动调整资金规划和投资的筹集；严谨地按照民宿的市场定位、经营方式和建筑设计指导准则，进行投资和建筑设计；并广泛地邀请相关专家,严格审核各类建筑总体的方案,以确保建筑方案与民宿定位及其建筑设计指导工作之间不出现很大的偏差;合理选用建筑材料,从严选择建筑施工单元和监理组织,以提高工程建设效果;认真做好建筑监理工作,严把质量关,以降低建筑误差。

(六)突发事故和不可抗力风险防范对策

对于天灾人祸,更为务实的风险管理措施是建设、完善民宿财产保险与意外保险系统,尽量减少物质损失,同时妥善安置员工,保证民宿有序的经营秩序,等待整体市场环境好转。强化风险管理,形成一套危机解决体制。同时做好员工安全培训,增强工作人员处理危险的能力。突发事件发生后,主动和行政主管机关协调,得到政府部门的理解与支持。

项目三　民宿投资资金筹集

一、民宿投资费用类型

在准备投资民宿之前首先要进行风险评估。在此基础上,要明确民宿投资的区位定位、市场定位、形象定位、价格定位和文化定位,民宿的面积、地理位置和当地经济的发展和繁荣将极大地影响资金的投资额。毫无疑问,繁华地区的民宿租金和建设成本肯定会比其他一般地区高很多。面向市场消费能力档次的差别亦决定了投资额度的大小。总体而言,常见的民宿投资费用主要包括五类。

(一)房屋租金费用

民宿面积不需要太大,按照目前国家旅游民宿标准经营用房占地规模不超过800平方米。房屋可按当地房屋市场租赁价格计算租金,自有房屋仍需计算房屋租金成本。各地房屋租金价格不等,区域优惠政策不同,投资者需开展现场调研。

(二)民宿改造与装修费用

投资者可根据民宿市场定位和档次确定估算改造及装修费用。根据2022年南京酒店和民宿市场行业调查,参考酒店品牌,比宜必思档次略高但低于智选假日,改造与装修费用约10万元一间;类似于7天、如家之类的快捷型酒店,约6万元一间。如果不参照酒店品牌,则相对低一些,比宜必思档次略高但低于智选假日,约7万元一间;类似于7天、如家之类的快捷型酒店,约4.5万元一间。中低端档次,费用在每平方米900元左右。民宿定位如果是中高端,就要按照星级标准装修,每平方米大概2000元。该费用包括软装费用。

(三)广告宣传费用

民宿的选址相对于酒店要偏僻一些,因此前期的广告宣传费用是必不可少的。广告宣传有线上和线下两种方式,投资者可根据自身的经济实力进行宣传,需提前准备一笔广告宣传费用。

（四）人员工资费用

开民宿需要有相关的从业人员，拥有 8~10 间客房，售价 300~450 元 / 间，提供管家服务的民宿，至少雇佣 2~3 人，其中 2 名为固定员工（前台 / 管家和保洁人员），1 名为兼职员工。各地工资标准不同，具体工资支出投资者需开展市场调研而定。

（五）其他费用

其他费用包括民宿开办手续的办理，开业活动及其物品的采购，水电杂费、流动资金等，流动资金是用来预防突发状况下资金链断裂。由于每个地方的物价水平不一样，应以实际情况为准。

二、民宿投资资金筹集原则

民宿企业筹资是一项重要而复杂的工作，为了有效地筹集民宿企业所需资金，必须遵循以下基本原则。

（一）规模适当原则

不同时期民宿企业的资金需求量并不是一个常数，民宿企业投资人要认真分析未来经营状况，采用一定的方法，预测资金的需要数量，合理确定筹资规模。

（二）筹措及时原则

民宿投资人在筹集资金时必须熟知资金时间价值的原理和计算方法，以便根据资金需求的具体情况，合理安排资金的筹集时间，适时获取所需资金。

（三）来源合理原则

资金的来源渠道和资金市场为民宿企业提供了资金的源泉和筹资场所，它反映资金的分布状况和供求关系，决定着筹资的难易程度。不同来源的资金，对民宿企业的收益和成本有不同影响，因此，民宿企业应认真研究资金来源渠道和资金市场，合理选择资金来源。

（四）方式经济原则

在确定筹资数量、筹资时间、资金来源的基础上，民宿企业在筹资时还必须认真研究各种筹资方式。民宿企业筹集资金必然要付出一定的代价，不同筹资方式条件下的资金成本有高有低。为此，就需要对各种筹资方式进行分析、对比，选择经济、可行的筹资方式以确定合理的资金结构，以便降低成本，减少风险。

三、民宿投资资金筹集方式

民宿和家装不一样，是一种特色酒店，整体的投资是不低的，资金的筹备是最先要解决的问题。一般来说，资金筹集包括三种途径：个人自筹、社会众筹和政府扶持。在筹备资金阶段，要根据自己的资金量、喜好、人脉圈子等，结合市场现状与未来发展趋势，粗略定位出民宿的品牌调性、目标客户、消费水平、风格类型、人员架构及经营模式，估算大致的投资回收期。无论对于自己还是投资人来说，做好清晰的定位都是非常重要的，可以大幅提高民宿的成功率，控制风险。

（一）合伙投资

合伙投资，这种投资有四大优势。优势之一就是资金上的优势，比方说每个人投资20万元，五个人合伙就是100万元，就可以做100万元的事情。优势之二就是设备有支持。优势之三就是技术上有支持，甲懂理财，乙懂财会，丙明白销售，技术上大家一起来做。优势之四就是人际网络的支持。几个人一起创业就把个人的关系都调动起来，这样人脉关系就特别丰富。这样也有助于合伙企业的成长。有利就有弊，很多合伙人最后的结局都是散伙。这里面有五大弊病，一是经营理念不同。既然理念不同就很容易出现分歧与矛盾。二是管理思想不同。合伙人中有人主张制度管理，就有人主张人情管理，这样矛盾就出现了。三是合伙人之间缺乏信任。四是权责划分不清晰，五个股东谁管什么，谁有哪些权力，谁有哪些责任一定要明确清晰，五个股东一定要选出一个人来做执行董事，五个人一起管就会有分歧。五是利润分配不均等。所以在这些方面要高度警惕。

（二）银行贷款

银行贷款是民宿投资资金获取的便捷选择，银行贷款的好处多。第一是正规合法。第二是优惠政策较多。国家对于中小企业的扶持政策还是有很多的，各个银行也纷纷出台各种民宿贷款优惠政策来响应国家的号召，因而对民宿企业来讲减缓了经济压力。第三是银行贷款速度快。如果提交的材料符合银行的要求，且抵押物或担保人符合标准，可以快速得到所需资金。第四是利率成本较低。相对于其他类型的贷款公司或机构来讲，银行贷款的利率较低，对于民宿企业来讲，可以降低还款成本。第五是费用少。相对于其他的融资工具，银行贷款是成本最低的一种，银行贷款的利率要根据具体的情况而定，一般来说利率高于小企业贷款优惠利率；信用等级低的企业贷款利率可能高于信用等级高的企业贷款利率；中长期贷款利率高于短期贷款利率等。综合起来，银行贷款利率仍是具有比较优势的。第六是资金来源稳定。由于银行实力雄厚，资金充足，资金来源也比较稳定。中小企业的借款申请，只要通过了银行的审查，与银行签订了贷款合同，并且满足了贷款的发放条件，银行一般总是能及时向民宿企业提供资金，满足企业的融资需求。银行贷款的缺点也很明显，第一，办理手续多，在银行办理贷款业务相对来讲手续比较多，烦琐。第二，抵押物要求较为严格，银行贷款对于中小企业来讲需要抵押物或第三方担保，而且对其抵押物要求严格。第三，对信用要求较高。民宿企业及法人需要具有较高的信用记录。否则很难通过审核。

（三）私募股权融资

私募股权融资是相对于股票公开发行而言的，以股权转让、增资扩股等方式通过定向引入累计不超过200人的特定投资者，使公司增加新的股东获得新的资金的行为。近年来，随着全球的私募基金蜂拥进入中国，私募融资已成为非上市公司利用股权直接融资的有效方式之一。其显著优点为：第一，稳定的资金来源。和贷款不同，私募股权融资只增加所有者权益，不增加债务，不可随意从企业撤资。因此私募股权融资不会形成民宿企业的债务压力，能提高民宿企业的抗风险能力。私募股权融资通常不要求民宿企业支付利息，因此不会对民宿企业现金流造成负担。第二，高附加值的服务。私募股权投资者一般都是资深企业家和投资专家，其专业知识、管理经验及广泛的商业网络能帮助民宿企业成长。第三，提高民宿企业内在价值。能够获得顶尖的私募股权基金，能够提高民宿企业的知名度和可信度，更容易赢得客户。第四，获得顶尖私募股权基金投资的民宿企业，通常会更加有效率地运作，利用私募股权融资产生的财务和专业优势，实现快速扩张。私募股权融资的缺点：第一，民宿企业出让股权后，原股东的股权被稀释，甚至丧失控股地位或者完全丧失股权，股东间关系发生变化，权利和义务重新调整。第二，随着股权结构的变化，民宿企业的管理权也相应发生变化，管理权将归股权出让后的控股股东所有。第三，在民宿企业管理权发生变化的情况下，新的管理者很可能有不同的发展战略，完全改变创业者的初衷和设想也不无可能。第四，投资者往往希望尽快获得投资回报，可能不像民宿企业创业者那样注重民宿企业的长远发展，因而可能改变民宿企业发展战略以实现短期内的收益。

（四）P2P 信贷

P2P（peer-to-peer 的缩写，意即个人对个人或伙伴对伙伴）信贷又称网络信贷，指不同的网络节点之间的小额借贷交易，需要借助电子商务专业网络平台帮助借贷双方确立借贷关系并完成相关交易手续。借款者可自行发布借款信息，包括金额、利息、还款方式和时间，自行决定借出金额实现自助式借款。网贷的申请门槛一般比银行贷款要低，所以客户成功贷款的概率更大。若客户的综合资质一般，不如选择网贷。网贷流程简单，直接下载平台的官方 APP，再登录 APP 填写个人资料、贷款信息进行提交即可，系统审批通过就能放款，速度是比较快的。比起去银行贷款要准备各种资料，经过各项流程，花费的时间要少得多，客户若急需资金，就可以选择网贷。然而，网贷市场鱼龙混杂，一不小心就很可能会碰上高利贷、诈骗分子，陷入贷款骗局。有可能最后钱没借到，反而个人钱财受损。网贷的利息通常要比银行贷款高，所以客户要还的也会比较多。网贷平台因为有些并不合规，所以在客户借款之后，很可能会遇到催收，影响到正常生活。

（五）平台众筹

国内众筹平台众筹主要分为四大类，产品众筹、公益众筹、股权众筹、债权众筹，知名的众筹平台有京东众筹、淘宝众筹、众筹网、平安众＋、苏宁众筹、天使汇 AC、蚂蚁达客、创投圈、腾讯乐捐等。民宿众筹往往采用产品众筹、收益权众筹、股权众筹和公益众筹四种模式。

1. 产品众筹

产品众筹是指投资人将资金投给筹款人用以开发某种产品（或服务），待该产品（或服务）开始对外销售或已经具备对外销售的条件的情况下，筹款人按照约定将开发的产品（或服务）无偿或低于成本的方式提供给投资人的一种众筹方式。这种模式类似于团购或者预售的形式，其体现了一种未来不确定性的产品，让大家支持和投入资金。这种方式在民宿领域一般规模较小。

2. 收益权众筹

收益权众筹算是股权众筹的一种，对公司的投资行为而不持有股权，但有收益权，这种模式投资人可以轻松退出，筹资公司也不用担心股东过多而不能上市。比如有一家客栈需要 500 万元的估值，通过众筹得到 300 万元，其占了估值的 60%，而参与者可以通过众筹的份额拿到未来客栈净利润的 60% 部分。和股权众筹不同的是，其收益权是阶段性地把股权的收益拿出来让大家获利和消费。

3. 股权众筹

股权众筹，顾名思义是向大众筹资或群众筹资模式，并以股权作为回报的方式。在传统投资行业，投资者在新股 IPO（上市）的时候去申购股票其实就是股权众筹的一种表现方式。在互联网金融领域，股权众筹通过网络较早期的私募股权投资。

它可分为两种。一种是创业公司的股权众筹，创业型特点给了这种模式以高风险性和高回报性。另一个是实体类项目的众筹，包括酒店、餐饮、客栈等等，这种亮点在于投资者可以以一个相对原始的投入价格参与一个公司的股权并且参与到公司的管理，自身参与其中更富有意义，也更加吸引投资者参与投资。

4. 公益众筹

公益众筹指筹资人没有义务给投资人以具体的回报，完全按照投资人的自愿性和个人性。当然，筹资人可以按照自己的方式给参与者一定回报，或者是一定实物，或者是一定小额资金回报。主要是非营利性的筹资特点。

综合来看，民宿众筹一般集中于收益权众筹和股权众筹。前者的操作程度和复杂程度明显低于后者。后者则会要求设立公司、持有公司股份。而收益权众筹只会要求以合同的形式，按照投资份额约定未来收益比例。

众筹的优势主要表现为中小企业、投资者、普通个人以及产品提供了联结纽带和展示平台，资本门槛降低，为广大普通人提供了机会。为广大民宿企业提供机会。众筹改变了民宿企业的困境，只要有好的项目，在广大的小投资者中间不怕找不到资金，同时也获得了一份市场调查报告。众筹是一个不错的广告平台。无论是否融资成功，民宿项目都获得了展示，给潜在的投资人看。众筹平台有成千上万的投资者使用它。投资者形成了一个群体，而众筹平台往往也能让他们相互交流，在尽职调查中提供投资帮助。借助集体的智慧，民宿投资者也往往能作出更理性的决策。可以通过众筹的方式，让产品先有用户，先有传播。这种方式可以极大地降低民宿企业的风险。众筹的劣势主要表现为法律界限模糊、法律实施困难以及缺乏更加完善的法律保障机制。

【相关链接】

民宿众筹项目招募说明书范本

一、关于××民宿

××民宿位于××庄园。该庄园是集鼓浪屿家庭旅馆群落元素、北京798商业艺术元素、美国卡梅尔小镇画廊文创旅游元素于一体的综合旅游目的地、文艺青年慢生活区、文化创意产业基地。

××民宿的定位是以艺术家思想及艺术品交流为主题的精品民宿，既适合艺术家创作写生，同时也是休闲度假的胜地。建筑面积为×平方米，共×间客房。一层有画作展示区、交流休息区，二楼、三楼是工作室及客房。住客可欣赏艺术家作品，参与创作，或与艺术家自由交谈。

二、关于发起人、执行事务团队介绍

①发起人：××

②执行事务人：××

③跟投：杭州××旅游开发有限公司

三、项目流程

①众筹计划开始，招募投资者和资金；如招募失败项目解散，资金无息退回。

②众筹完成，成立××××投资合伙企业。

③执行管理团队正式接管××××投资合伙企业，签订各项文书合同展开投资，聘请××××对××民宿进行租赁管理。

四、关于众筹投资人

①18岁以上公民，有一定经济能力，不以本次投资为全部收入，有一定风险承受能力，有一定社交能力，能履行股东职责，居住在长三角的居民优先考虑。

②拥有民宿梦想，从事与艺术品经营产业链相关工作的伙伴将被优先考虑。

③愿意发挥自己的才智和才能，为本民宿提供某方面的专业建议，共同为民宿未来的发展出谋划策。

五、募集金额：100万元（投资者控制在50人以内）

根据本民宿的投资预算，本项目的资金投入预算：

房租：15万元；设备：30万元；装修：50万元；流动资金：5万元；

合计总投资为：100万元人民币。

执行管理团队××作为普通合伙人承诺投资5%以及负责有限合伙公司的日常事

务管理，杭州××旅游开发有限公司跟投5%。其他90%的资金通过众筹的方式募集，总共发行45份，每份为20 000元，最高可以认筹10份，即为200 000元。

我们计划将××年××月××日定为募集资金的最后日期。募集资金完成目标金额的80%即80万元以上，即视为募资成功，启动项目的运营筹备工作。在运营筹备之中仍继续接受新人加入请求。达到100万元以上，则按照打款顺序吸收资金。投资额控制在100万元以内，多余资金不再接受。众筹临时账户的保管方式如下：

①执行管理团队××提供临时账户用于接受众筹款项。

户名：××××账号：×××××××××××××××

开户行：××××××

执行管理团队××对众筹资金进行监管，并将对此账户进行全额担保，账户内资金全部用于××民宿众筹项目。

②合伙企业正式注册成立后，一次性将全部款项转入合伙企业正式账户。

六、参与回报

①按投资额度享受分红。分红总额不低于当年净利润的30%。

②所有股东均获得7折会员优惠。

③所有股东每年可获得投资额10%的等额消费券。

七、合伙人的其他权益和义务

①原则上，合伙人在民宿正常营业年限内均享有相应权益。

②合伙人不得干预发起人的任何管理和运营，如干预过多，且沟通无果的情况下，发起人有权从合伙人最初认筹的款项中扣除合伙人消费费用和分工费用的金额，退给合伙人，且取消合伙人的原始份额和合作资格。

③每年向合伙人发一份详细的经营报表。

④不定期开合伙人见面会，交流项目经营相关事宜。

八、退出机制

①认筹人在民宿正常营业年限内均享有相应权益。

②认筹人30个月内不得转让该权益。30个月后方可转让权益。

③认筹人之间允许权益转让，转让价格双方协商。

九、联系方式

联系电话：××××××××××

【本章小结】

在对民宿投资之前，先做市场调查，了解民宿财务指标，做好民宿投资风险评估，并对各项投资进行测算，包括配套设施、项目收益预测，等等。在适当的投资规模和项目可行性的基础上，根据规模适当原则、筹措及时原则、来源合理原则、方式经济原则选择合适的筹资方式，从而确保民宿投资行为的科学性。

【思考与练习】

1. 问答题

（1）民宿投资收益如何评估？

（2）民宿投资风险如何评估？

（3）民宿投资资金如何筹措？

模块四　民宿的设立

【案例导入】

丽江最美民宿之一——宛若故里[①]

"宛若故里"以民宿为入口，
看见不一样的丽江原乡风景。
清泉美宿落户云南丽江古城东甘泽泉畔。
从晨起冥想，到有机早餐；
从当地下午茶，到故里家宴。
从月夜温泉谈天说地，到书房一起夜读诗。
唯愿客人像当地人一样生活，自在、欢喜。

金杜其人，她是少有的采编、经营全能型媒体人，以乡愁为痛点，以乡村出游为热点，用"宛若故里"继续践行媒体人的理想。

与很多媒体人一样，金杜选择了民宿为创业方向，她把它叫作"宛若故里"，紧抓时代公共痛点"乡愁"。正式创业仅一个月，金杜就拿到了 1000 万元天使投资，"宛若故里"两个案例成功被阿里巴巴海外招股书收录，其中"清泉美宿"更入围中国最佳小而美酒店。她说"宛若故里"不仅是一家民宿，更是一个"有情、有趣、有用、有品"的创业平台。

"有品德、品质、品位，才有品牌。我要做的不是开一家民宿，而是打造一个民宿品牌。"

金杜不打价格战。与一般民宿相比，"宛若故里"的价格不低，在单间最低价几近 500 元的情况下依然能保持较高的入住率，这是"重塑心灵故里""汇聚乡村旅人"的情怀魅力。

金杜将入住的旅人称为"故里客"，"宛若故里"是他们今后共同的故乡。在入住期间，故里客通过加入微信群组迅速形成联结，打破了住宿的封闭隔阂。他们会一起吃"故里"家宴，体验当地生活，更有前一任住客给下一任的留言信件互动。

思考：民宿和酒店有什么不同？怎么开一家民宿？

---

① 资料来源：淘BNB.影响中国民宿的50人【第1期】宛若故里金杜：走过历历万乡，心安处才是吾乡［EB/OL］.（2017-09-03）.https://www.sohu.com/a/169218965_768668

 **学习目标**

- 掌握民宿的组织机构
- 了解民宿的岗位设置及岗位职责
- 掌握民宿的人员配备

【学习任务导图】

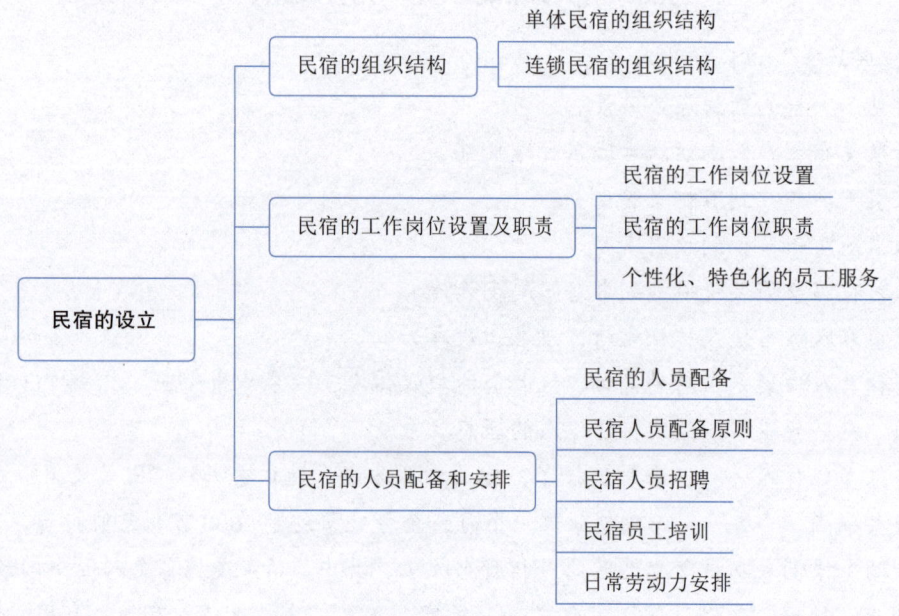

项目一　民宿的组织结构

 **知识内容**

组织架构（又称组织结构）是指对于工作任务如何进行分工、分组和协调合作。组织架构是表明组织各部分排列顺序、空间位置、聚散状态、联系方式以及各要素之间相互关系的一种模式，是整个管理系统的"框架"。和任何组织一样，民宿也应该具有自己的组织架构。

民宿的规模大小、市场定位、等级、服务产品等因素不同，因此组织架构也会有所不同。在现今这个快速发展的社会，民宿只有根据自己的实际情况设计符合自己个性需求的机构设置，才能应对激烈的市场竞争，才能培育与市场抗衡的能力。

民宿的组织结构是民宿工作职能的主要依靠。组织结构的设置必须以顾客满意为目标，以提升产品服务品质为原则。一个沟通顺畅、设置合理、机构人员精减、人工成本节约、能满足客人要求的组织结构尤为重要。

一、单体民宿的组织结构

对于单体民宿而言，房间数量的多少决定其组织结构的设置。

房间数量在 2~5 间的民宿，民宿主一人可身兼数职：创始人、老板娘（老板）、前台、打扫阿姨、公众号运营小妹、夜间值班大叔、向导、司机。其组织结构可简单地划分为：民宿主＋员工，此模式下民宿主和员工基本为多面手，一人可以承担若干工作任务。

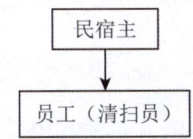

图 4-1　小型民宿组织结构图

对于房间数量较多（5 间以上）的民宿，涉及的工作繁杂专业，必须要有一个靠谱的团队和专业分工，其组织结构可以划分为：民宿主＋前台＋清扫员＋管家。

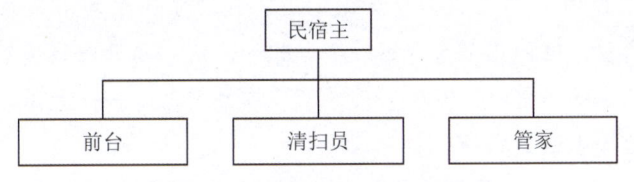

图 4-2　中型民宿组织结构图

二、连锁民宿的组织结构

连锁经营的民宿除了每家门店有相应的组织结构设置以外，还需要有一个强大的高管及运营团队，如：CEO＋设计部总经理＋运营部总经理＋工程部总经理＋运营部副总经理。

每家门店的团队搭建中，人力、财务、采购、市场与销售、预订、客房、管家、餐厅、厨房、宾客活动、工程，每个部门或者分支的工作都缺一不可，这些工作内容不需要细分到独立部门，但是需要有专人来负责相应模块的运营。每家门店组织结构可参考单体民宿组织结构设置。

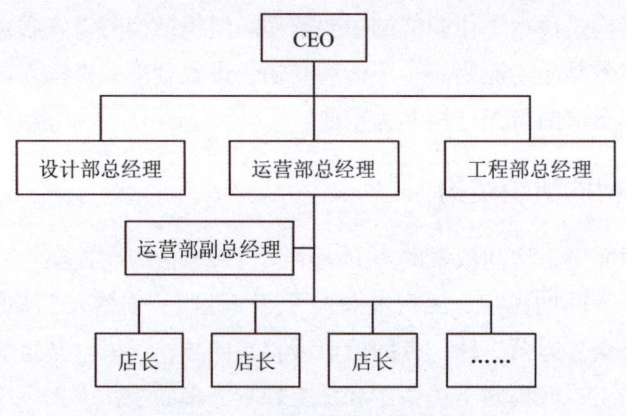

图 4-3 连锁民宿组织结构图

【相关链接】

你不是超人，你需要伙伴①

吉晓祥和杨默涵都毕业于同济大学城市规划专业，两个人在大学的时候就是很好的兄弟。毕业后，杨默涵去了加拿大读书，吉晓祥留在上海浦东规划院工作了7年，他们俩都做过太多宏观的城市规划案，却越来越渴望造几栋真正属于自己的小房子。

2012年底，吉晓祥和杨默涵去莫干山闲逛，发现了一个名不见经传的地方，回上海和好朋友们一商量，他们几个人作了一个大胆的决定：离开一线城市，前往莫干山乡下，做民宿以及过生活。所以，有了今天的"民宿界前辈"——大乐之野。不少想要开民宿的人，都会选择来这里取经。

"大乐之野"取得的成功，和几位民宿合伙人的高度默契、良好合作分不开。"大乐之野"的合伙人分别是：

吉晓祥："大乐之野"合伙人、CEO，莫干山民宿学院院长，负责民宿发展和品牌板块。

杨默涵："大乐之野"合伙人、设计部总经理，负责设计板块。

唐国栋："大乐之野"合伙人、运营部总经理，负责酒店运营板块。

刘丹："大乐之野"合伙人、工程部总经理，负责项目营造板块。

朱海峰："大乐之野"合伙人、运营部副总经理，负责综合板块。

这5位合伙人组合中有设计师、工程专家、营销高手，取各自所长，各司其职，这个团队堪称是经营民宿之黄金组合。

"我们5个人在真正创业之前磨合了很久，把该厘清的问题、各自的分歧都探讨清

---

① 资料来源：刘荣.民宿养成指南.江苏凤凰科学技术出版社，2018.

楚了，一旦开始后就很少发生矛盾了。"朱海峰说，"现在我们5个人都是全职在做这件事。"刚开始时，合伙人们自己给自己每个月开8000元的工资。尽管现在的莫干山、上海两地都设有公司，大家分头忙碌着，但他们约定至少每个月要有一次5人坐下来碰头聊天的例会，实在凑不齐，缺席的那一位也要远程语音参加。

有了充分的沟通，才能有充分的默契，对于这样一个累计投资已达2800多万元、江浙多个村落的项目同步进行的民宿企业来说，这样的默契是决定成败的关键因素之一。

当你拥有一家民宿时，你是民宿的主人，但是，你不可能同时是店长、管家、前台、保洁阿姨、向导、司机。闻道有先后，术业有专攻，如果你想经营好你的民宿并且让它走得更远，那么你就做好自己最擅长的事情，其他的，交给更加专业的人。

图 4-4　民宿周边环境

项目二　民宿的工作岗位设置及职责

一、民宿的工作岗位设置

（一）民宿主/店长

民宿的主人关系到整个民宿的灵魂。在民宿品牌的定位中，民宿不能没有"主人"。缺少了"主人"的概念，就丢失了对生活和人生价值观的诠释。民宿主可以是当地人，也可以是来了当地不愿离开的一个外地人。民宿主（老板娘/老板）带给客人的是一种有"温情"的服务，而很多民宿主本身也是一个有情怀的人，"老板娘情怀"这个词也是这样而来的。民宿主经营的不仅是一家店，更是一个家。将民宿主人自身的兴趣特长、专业优势以及过往经历，打造成一个专属的故事，就是一种情怀。

连锁民宿品牌每家店会有一位店长实际负责民宿的运营与管理，店长一般都是在有经验的民宿管家团队中选择出来的对工作充满热情和激情的那些人。

【相关链接】

猪栏酒吧：大隐隐于乡野[①]

西递，位于皖南地区，"中国最美乡村"之一，每天都吸引着成千上万名游客。人们徜徉于小桥流水、古巷老宅，乐而忘返。此时，总会有当地模样的人来问你："住宿吗？"如果回答"有了"，准会追问："住哪家？""猪栏。"

听到这个名字，拉客者吐吐舌头，用艳美的口吻说："哎哟，真高级！"

确实，占地600多平方米的"猪栏酒吧"，堪称西递村最知名、最独特的民宿。即便放到全国民宿界，这家有着典型徽州民居风格，且已经营8年的民宿，名气也是响当当的。

猪栏酒吧三楼是观景台，屋架、柱子、墙壁上钉满了各色名片，诗人、作家、学者、律师、广告人、设计师、企业家、书法家、普通白领……从老板娘寒玉的讲述里你还知道，导演张元来过，国际影星茱丽叶·比诺什来过，艺术评论家欧宁来过，以策划"碧山计划"著称的文化人左靖更是常客。

在这儿，他们读书、喝茶、闲聊，当然，也谈正事儿。窗外的飞檐层层叠叠，与马头墙和观音兜共同构成了奇妙的视野。待烦了，就背起包到村子里晃悠，溯溪而上，寻觅宋代的古桥，看农人割麦。傍晚，每家每户炊烟袅袅，一派乡村生活的日常图景。

这时候你或许会想，打造猪栏酒吧的，究竟是何等样人？

郑小光和寒玉，猪栏酒吧的主人，一对诗人夫妻。他们也是国内较早的民宿实践者。其中，老板娘寒玉的意志很大程度上决定了猪栏的诞生、定位和风格。

寒玉，本名李国玉，曾在上海学美术。1990年，寒玉赴黄山地区写生，首次来到黟县，当地的景色令她陶醉。"青山、溪流、农舍，太美了！"尤其是徽派建筑，白墙黑瓦马头墙，深深印刻进寒玉的脑海。

"当时就想隐居于此，然而并不现实。"真正现实的是毕业、工作，挣到人生第一桶金；结婚、生子，完成人生必修课。一轮下来，已经过去了十多年。

尽管在销售、外贸、管理等领域摸爬滚打过，而且干得不赖，但内心深处，寒玉还是

[①] 资料来源：抱老师.猪栏酒吧：大隐隐于乡野|深聚焦·民宿[EB/OL].(2016-09-18).http://www.360doc.com/content/16/0918/04/36633177_591619250.shtml

有梦的——远离喧嚣的大都市，找一处世外桃源，读书、写作、看电影。此时丈夫郑小光的生意顺风顺水，也想提高生活品质。两人一拍即合。最初将目标定在黄山脚下的屯溪镇。屯溪老街全国闻名，寒玉想开个酒吧，能和朋友聚会。实地考察后很失望："太嘈杂、太商业化了，不是生活的地方。"

哪儿才是生活的地方呢？兜兜转转好久，寒玉忽然想起离屯溪镇不远的黟县，也就是她当年写生的小村落。

2004年寒玉携丈夫郑小光重返黟县。事有凑巧，黟县西递村恰好有老宅急着要出手，寒玉闻讯后连忙赶了过去。原来，主人是复旦大学退休教授，宅子是祖上所建，三层楼，面积不小。不过传到老教授这一代，子孙飘零，老宅已年久失修。老人无力打理，遂决定出让。

刚开始寒玉是有些犹豫的：宅子实在太破。但考察中她居然找到了老教授当年的日记本。"九一八事变时他还是个小学生，在日记里记载，日本侵占东北后，他难过得跑到村口的牌坊下痛哭。"眼前的老宅子就这样具有了历史感和生命感，寒玉一锤定音：就是它了。

交接那天下起了滂沱大雨，老教授夫妇领着郑小光和寒玉来到祖坟，焚香告慰祖宗。老教授的太太把存放于老宅的花床、古书、旧报纸、地契都送给了寒玉。"我感动得哭了，终生难忘啊。"寒玉至今和老教授一家保持着良好的关系。

因为寒玉心诚，600平方米的宅子，老教授只收了15万元。不过接下来的装修，让郑小光和寒玉大费心思。"老屋里没网线、没电路、没卫生间，等于统统要从头来过。"而且寒玉坚持，设施、布局、物件都要经过重新设计。她的理念是：既雅致又朴素、既时尚又乡土，给人以舒适安稳之感。这才叫"保护老宅"。于是反反复复、精雕细琢，整整干了两年。寒玉算了算，前前后后花掉60多万元。她原本没想着收回成本。"就是自己住，再搞个微型酒吧，朋友来了可以休闲玩乐。"酒吧是建成了，虽然看起来不太像——一楼院子内摆着长桌和长条椅，半露天，屋顶有大吊扇缓缓转动。据寒玉介绍，长桌是从废品站淘来的，长条椅则出自乡间的老旧电影院。

不管怎么说，地方是造好了，总该有个名字吧？经考证，院子曾被当作猪圈，那干脆叫"猪栏酒吧"好了。这个名字，也意味着舒缓、懒散的乡居生活。后来，酒吧扩展成民宿，"猪栏酒吧"的名称却一直沿用下来。

寒玉回忆，西递村历史悠久，2000年被列入世界文化遗产名录，不少民居成为保护建筑。这听上去很美，但其中大多数破败不堪，没法住人，"可又不能拆，村民很是怨念。"待猪栏酒吧出世，村民恍然大悟：其实，老宅子能改造成这样！

猪栏酒吧的名声于是越传越开。不仅郑小光和寒玉的家人来了、朋友来了，小清新、文艺青年也来了，参观者络绎不绝。

"干脆做民宿吧！"郑小光和寒玉腾出5间客房，其余都作为公共空间——二楼设有书房和音乐厅,书多为20世纪七八十年代出版,CD从欧洲小教堂圣歌到肖邦、披头士;另有小露台,可仰望星空。三楼为敞开式景观台,能俯瞰西递全景。一楼的小酒吧得到了保留,可畅饮,也能作餐厅。

猪栏酒吧是西递村第一家民宿,而当时,这个理念刚传进中国大陆不久。因而此举再度启迪了村民,西递村的民宿雨后春笋般涌现。

(二)前台

民宿前台一般不大,除了给客人办理入住登记、结账离店手续之外,主要负责接听电话,协调安排工作,以及行李寄存服务。民宿入住系统不同于标准住宿业,有些民宿客人甚至直接在房内由民宿管家办理入住,前台负责录入客人身份信息以备相关部门检查。此外,前台还需密切关注民宿的安全问题,提高安全防范意识。

(三)清扫员

民宿清扫员主要负责民宿房间及公共区域的保洁工作,卫生问题是出门在外的人们永远关心的问题。清扫员需要进行床品的一客一更换,卫浴用品、杯具的消毒,地面的清洁,垃圾的清理以及其他细节的整理,让客人住得放心,住得舒心。

(四)管家

民宿团队中最重要且事务最为繁杂的职位,一定是非民宿管家莫属的。管家主要负责客人抵店前、住店期间与离店时三个阶段的全面接待工作,要在基础工作流程之外为客人带来更多的惊喜和感动。

图4-5 民宿前台

首先就是经验。不同于其他岗位,管家这一职位是没有太多的时间重新再来学习管理经营之类的理论知识的,需要的是本身就具备相关方面的技能和曾经带领团队成功的经验。其次,需要比其他职位的员工对行业拥有更大的热情。相较于其他岗位而言,管家的重要性和稳定性会有更高的要求,故而一定要在一开始选择的时候就多加斟酌。

(五) 其他

1. 厨师

有些民宿设有厨房,可以提供餐饮服务,那就需要寻找有特色的厨师。如当地菜厨师,为客人提供地道的本地菜肴;如烘焙,为客人带来西点体验;如西餐,让客人感受不一样的异国风味。总之,餐饮要有特色,厨师要能抓住客人的胃。

2. 司机

很多民宿位于乡村郊外,对于非自驾游的客人而言,交通是一大问题。民宿专车接送为客人提供点到点的服务,也是民宿的一大卖点。司机可以是民宿员工甚至老板兼任。

3. 导游

为客人量身定制旅游线路,体验不一样的当地风情也是民宿的又一大卖点。民宿老板、管家可以兼任这一工作。

4. 客服

对客服的要求相对而言没有管家那样严格,可以是普通的大学生兼职、上班时间相对自由的都市年轻人,或者稳稳当当的全职客服。

民宿的客服主要负责的内容就是在 OTA 平台上与客人进行初步的沟通,确认订单后通过聊天的形式给客人介绍民宿的相关信息等。对于这个岗位最重要的一点要求就是责任心和细心。因为很多的民宿主,尤其是不仅仅有一家民宿运营的民宿主而言,可能会存在同时在好几个平台上挂房源的情况,客服不仅要了解每个平台上的相关房源,还要在订单预订出去的同时及时关闭其他平台上的信息,所以责任心和细致程度是相当重要的;另外,作为服务行业的客服,本身一定要有足够的耐心和素养,在和形形色色不同程度的人交流的过程中,要做到情绪稳定,不可焦躁。

其实很多的民宿主基本上都是自己充当客服的角色,但是面对规模逐渐扩大的情况,相信招收一个或几个靠谱的客服,一定能给自己省下更多的时间,带来其他方面更大的收益。

二、民宿的工作岗位职责

(一) 岗位职责描述

岗位职责通常是由岗位名称、管理层级关系、基本职责、工作内容和任职资格等内容组成。标准住宿企业(如酒店)一般都会有一套完备的岗位职责描述,民宿属于非标准住宿业,体量小,组织机构相对简单,其岗位职责主要需要涵盖如下内容:岗位名称、基本职责、工作内容和任职资格。

（二）岗位职责描述范例

范例1　民宿店长岗位职责

岗位名称

民宿店长

基本职责

负责民宿日常管理，员工团队建设以及客户满意度提高。

工作内容

（1）全面负责民宿日常管理，并带领团队完成民宿的业务目标；

（2）全面负责安全管理，抓好食品卫生、治安安全等工作，确保客人和员工的人身、财产安全；

（3）负责民宿团队的建立、培养和管理，提高整个民宿的服务质量和员工素质；

（4）在经营中，探索民宿经营的新方向，提升营收能力及客户满意度；

（5）与上级进行日常的沟通协调工作，确保信息畅通、有效。

任职要求

（1）大专学历（旅游管理专业优先），1年以上酒店经营、管理经验；

（2）熟悉民宿经营和管理系统；

（3）了解当地相关政策法规；

（4）诚信，敬业，注重工作结果；

（5）具有良好的沟通协调和应变能力，责任感强，工作积极主动；

（6）熟悉酒店业务运作、管理及服务专业知识，有在民宿或连锁酒店工作的经验。

范例2　民宿管家岗位职责

岗位名称

民宿管家

基本职责

负责客人抵店前、住店期间与离店时三个阶段的全面接待工作，在基础工作流程之外为客人带来更多的惊喜和感动。

工作内容

（1）实时掌握预抵宾客信息和房态、天气、交通等信息，提前做好服务准备；

（2）负责宾客从入住到退房的全程贴心服务，包括客房服务、餐饮服务、宾客活动等；

（3）作为宾客服务的主导者，统筹、协调各部门共同为宾客提供优质专业的管家服务；

（4）与宾客保持良好的沟通，了解宾客各方面的需求和意见，及时落实解决；

（5）及时有效地解决宾客投诉，以及协调处理民宿突发事件；

（6）熟悉酒店管理系统，掌握前厅服务的专业业务和技能，为宾客办理入住登记和离店结账手续；

（7）准确掌握酒店各类信息，为宾客提供问询服务。

任职要求

（1）专业不限，酒店管理、旅游管理专业优先；

（2）具备良好的宾客服务意识和服务态度；

（3）为人诚实正直、态度端正，工作认真负责，充满热情；

（4）有良好的团队合作精神和沟通、协调、应变能力；

（5）具备基本的英语听说能力；

（6）对生活充满热情，对新事物充满好奇心。

范例3　民宿前台岗位职责

岗位名称

民宿前台接待员

基本职责

负责接受客人的预订，做好登记入住和离店服务，解决客户投诉，组织民宿相关活动。

工作内容

（1）为宾客提供各种渠道的预订、问询、check in 和 check out 服务；对预订客人进行及时确认；

（2）掌握民宿房态，熟悉使用 OTA 平台，与客房服务员保持实时沟通，合理进行管理；

（3）查看交班记录，了解上一班的移交事项，并跟进处理；

（4）有民宿工作经验和组织能力，能做软文推广，能策划并筹办团建活动；

（5）负责宾客抱怨的安抚及宾客投诉的处理。

任职要求

（1）具有酒店前厅服务1年以上的工作经验；

（2）熟悉酒店前厅的管理流程、服务程序及标准；

（3）具有较强的服务意识与责任感，较好的协调沟通能力；

（4）热情友善、正直严谨、诚实守信、有亲和力。

【相关链接】

民宿管家：拿不了高薪，守得住乡愁①

"热情接待客人，办理入住和退房手续。"乍一看，你肯定会觉得不过是一条寻常的住宿业招聘信息。

别急，还有"民宿加品尝美食，享受工资加提成，根据工作表现赠送股份，让你也成为民宿合伙人"。这不免让人有些蠢蠢欲动了！

这是杭州西湖边某民宿为了征聘一位管家，在豆瓣上发布的一条招贤令。

随着浙江民宿产业的兴起，负责接待住客、协调食宿运作的民宿管家逐渐走进了大众视线，成了联系住客与民宿主的"标配桥梁"，也成为一项旅游行业的新职业。大雪封山走5公里迎客、通下水道、哄客人都是管家的事。

"不好意思，久等了。"记者在庚村1932文创园内的咖啡馆内坐了一小会，阿珊就从办公室一路小跑着过来了。12月的莫干山挺冷的，她把双手插进上衣口袋，跑得很欢脱，嘴里嚷着要请喝拿铁作为弥补。

阿珊来自香港，三年前毕业于香港理工大学酒店管理系，是大乐之野民宿最早的管家。

2014年4月，位于莫干山碧坞村的大乐之野一期正式完工，创始人吉晓祥和杨默涵开始为筹备运营团队而奔走，朋友们向他们推荐了阿珊。她的酒店管理经验，正是两位同济大学规划设计出身的理工男所急需的；他们的山居梦想，也是热衷旅行的阿珊所向往的。三人一拍即合。

不久后，阿珊大大咧咧地来莫干山报到了。她说，当时对于浙江乡村是隐约喜欢，对于充满小资情怀的大乐之野则是充满好奇。

但很快，这份好奇就被忙碌的工作给冲淡了。"从那时开始，大乐之野每月入住率基本都在95%以上，让人应接不暇。"

因此，接待慕名而来的住客，便成了民宿管家工作中的头等大事。1月，浙西北大雪，当时莫干山白天的气温也只有-5℃~-6℃，通往碧坞村的路面上早早地结了冰，为了游客的安全，当地派出所发出了暴雪警示。

"即使是这样恶劣的天气，还是有一批上海的客人想要进山。"阿珊说，"考虑到下雪天山路不便，我们建议他们把车停在碧坞村口，然后从民宿出发，走5公里左右的山路去接他们，来回大概一个半小时，等接送完这七八位客人，自己也差不多冻僵了……"

---

① 资料来源：叶晨.民宿管家：拿不了高薪，守得住乡愁［EB/OL］.（2016-12-30）.http://www.zjdj.com.cn/zl/sy/zj/201612/t20161228_2433479.shtml

接到客人仅是民宿管家的第一步工作。"早上7点起床，8点安排早餐，11点半办理退房，下午到晚上又要和当天的住客保持联系，再后来还要做民宿的微信宣传和活动策划，所以通常是忙到晚上10点下班。"

"有些周末住店的客人是等到周五下班后再赶过来的，到达民宿估计就十一二点了。"兴许是已经习惯了这样的节奏，阿珊轻描淡写地说，"曾经还有一对夫妇是从境外飞上海浦东机场，再辗转到莫干山，我不知不觉也等到了凌晨2点……"

阿珊明白，酒店与民宿截然不同，前者后备人员较多，会有换班及轮休；而后者大多是个体经营，服务人员较少，民宿管家不得不集多项工作于一身。

这也要求民宿管家需要极高的情商和责任感——在紧绷的工作神经下，任何微小的矛盾，都容易因为民宿管家点对点服务得不恰当而被进一步放大。

阿珊回忆："有次，聚餐的客人在民宿的餐厅里喝吐了，公共洗手间的盥洗台都被呕吐物堵住了。等他们回房后，我的另一位管家同事面对一片狼藉，默默地去把下水管卸下，换上一次性手套，然后就用手把堵塞的污物一点一点抠出来……完全没有抱怨。"

"我也遇到过因为害怕虫子而退房的客人呢。"在阿珊看来，面对各式各样的客人，民宿管家需要充值的是自己的包容心。一位民宿管家曾在知乎上这样表白自己的工作："接触久了，你的好奇也许会越来越少，感情却会越来越深。"

图 4-6 民宿大堂

三、个性化、特色化的员工服务

民宿虽然属于非标准住宿业,但其服务过程中也必须符合标准化的操作流程,比如客房清洁消毒工作的开展、前台办理入住登记的流程等。但在此类标准化操作之外,民宿之所以吸引客人的就是其个性化的地方,如独特的选址、个性化的设计、当地的菜肴、当地的民风民俗等。另外,民宿员工的服务品质,尤其是个性化、特色化的民宿服务是最打动客人的,也是民宿赢得口碑的一个最大亮点。因此,民宿里的每一个服务人员都需要被充分挖掘和调动,展示愉快的精神状态,激发主观能动性,为客人创造流程之外的优质服务。

【相关链接】

案例分析[①]

案例1:客人在某个平台上预订了A民宿一间房。A民宿的前台人员收到信息后,把客人的入住信息登记后就完事了。

图4-7 民宿经营空间

案例2:客人在某个OTA平台上预订了B民宿一间房。B民宿的前台人员收到OTA后台信息后,把客人的入住信息登记下来。然后找到客人的电话号码,第一时间给客人打电话。首先欢迎客人预订并告诉客人已经预订成功了。然后询问客人的情况,

---

① 资料来源:何泽明. 前台OTA客人跟进话述及微信流量打造 [EB/OL].(2020-12-10).https://baijiahao.baidu.com/s?id=1685676830221703369&wfr=spider&for=pc

几个人过来,是不是带小孩或者有老人随行,有没有一些特殊的要求。最后,跟客人要到微信号,添加了客人的微信。在微信里把民宿的地图及交通路线给客人发过去。同时,查了一下客人入住日期的天气状况,提醒客人。

分析:上面两个案例中,第一个案例中是种被动接受,对客人的信息了解有限。第二个案例中工作人员主动出击,对客人的信息有了一个很全面的掌握了解。然后根据客人的信息做出一些有针对性安排。

项目三 民宿的人员配备和安排

一、民宿的人员配备

(一)单体民宿

对于单体民宿而言,需要配备的人员主要包括民宿主、管家、前台、清扫员这几个基本的岗位。此外,可根据民宿自身特点增设相应岗位:如提供餐饮服务的需要配备厨师及后厨人员,后厨人员可由清扫员兼任,也有一些民宿与乡村村民合作,厨师就是当地的村民来兼职;还有一些岗位如司机、导游可以由本民宿内员工兼任。民宿主要注意挖掘民宿员工潜能,更大化地发挥每一位员工的效能。同时要与当地村民保持良好的合作关系,广为建立个人的人脉圈子,以便在淡旺季可以及时满足民宿用工需求。

(二)连锁品牌民宿

连锁品牌民宿每家独立门店的人员配备基本与单体民宿类似,岗位及人员配置无太大差异。但在做品牌化及对外扩展的计划时,要注意人力资源的开发及培养。如培养有潜力的店长及管家队伍,在吸引本地居民就业的同时,有计划地引入年轻的团队进行培养发展,为下一门店的开业物色合适人才。

二、民宿人员配备原则

民宿成本主要是租金和人力成本,如果可以把某些功能性区域整合,让工作人员同时兼顾若干职责,那么在配备人员时,就能减少岗位设置,将员工整体运用起来,才能降低人员成本。举一个反面的例子,在丽江有家民宿,在一层的门口设置了前台岗,但整个大厅和其他功能区都在二层,客人无论什么时候到访,前台岗都是空着的。这种情况下,这个前台岗的设置不仅没有任何意义,还给客人留下冷清的印象。

民宿是服务行业,人性化的民宿服务需要人来提供,民宿里"人"的要素非常重要。"节约人力成本,开发人力资源,创造最大价值"是民宿经营必须考虑的问题。

(一)高薪养人

为了减少人员流动性,"薪酬领先"是一个重要的做法。民宿管家的工资水平高于市场平均水平，提供行业内较高水平的待遇和条件，员工也会回报更好的工作状态，给客人更贴心的服务。

（二）培养复合型人才

创业初期的民宿更应该找全能型的伙伴，除了基本的工作能力以外，如果还会做饭、拍照、写文，那就是捡到宝了。当然，如果对方没有这样的加分项，那么只要人够机灵，也愿意学习，后期花时间慢慢培养，能达到身兼多职的水平，也是可以节省人力成本的。

（三）在地性

民宿经营要与当地民众和谐共存，为当地民众创造就业机会，民宿管家可以在本地居民中挑选合适人选进行培养，同时也能减少人员流动性。

管家、前台按照本地人、外地人1∶1进行招聘，一般的优先顺序是：人品及性格和善、可塑性强、有团队意识。1∶1的比例是因为一般外地员工更容易上手工作，但是稳定性不够；本地人稳定度高，但需要时间来培养。保洁、厨师、采购基本要当地人，基本要求是：真正有工作的需求和团队意识。

（四）价值观认同

如果说民宿是一种诗与远方的美好，那么民宿从业者就是制造这份美好的幕后人物。美好的背后是大量辛苦和琐碎的工作，很多年轻人来了之后才发现，一地鸡毛的日常粉碎了原来他们对于民宿风花雪月的想象。树立民宿的自我价值观，同时给年轻人充分的信任，也是留住年轻人的方法之一。当员工认同民宿主的价值观，他的工作会变得有趣有动力，那么他就会留下来，和民宿共同成长。

（五）学习和成长空间

给予员工可预见的晋升机制与职业发展规划也是有效方式之一。这一条原则主要适用于资本推动的品牌民宿，因为有了公司化的运作，员工有了更多的上升空间，更明确的晋升机制，招人留人的问题就不再那么迫切。员工觉得在这不仅仅是个磨炼场，是个跳板，更是个平台，是个安心的职业环境。建立这样的心灵屏障，更易留住核心人才。

单体民宿也应该在培养人才上注重学习和成长空间的设置，让员工在工作之余通过培训、访问交流等形式拓宽视野、提升技能，从而更好地为民宿服务。

三、民宿人员招聘

（一）民宿人员招聘管理

在民宿的运营过程中员工管理是需要分三个阶段，根据不同需求来招募的。

（1）第一阶段（创业初期也同样适用）：顺手、信任、听话。

因为民宿刚开业，也就是创业初期，各方面都不成熟，这个时候找身边熟悉并且干活积极的人较合适。毕竟民宿就是家，每天各种琐碎的小事要处理，这时候以亲属或是熟人为主,这样大家做事民宿主心里有底,便于工作的安排与开展。同时,因为知根知底,可以更好地进行互补工作,其中最重要的一点是信任。

(2)第二阶段(稳定期):梯队。

民宿运营到一定时期,基本上是半年左右,需要有持续的人员培养机制,可以通过各类招聘网等渠道,招聘相对应的人才。比如 OTA 专业人才,客房管家,厨艺好的阿姨,甜品师或者咖啡师等,根据店内具体的情况分析,确保人员跟上店里经营情况。

(3)第三阶段(成熟期):快速批量复制基础员工。

(二)民宿人员招聘要求

1. 就近招聘当地人员

就近招聘当地人员不仅能解决民宿用工难的问题,还能在一定程度上降低用工成本,同时促进当地就业,解决农村剩余劳动力,带动当地发展。

2. 重视员工的品行及敬业精神

民宿因规模小,用工也少,员工很多时候都是一个人在当值、独立完成某一项工作,如客房清扫,员工的操守及职业道德应放在招聘条件的首位。

3. 重视员工素质及可塑性

招聘时应重点考查员工的基本素质,如文化程度、语言能力等,以适应民宿对人才的要求。

四、民宿员工培训

民宿管理需要更多的专业知识与专业技能,尤其是互联网时代的新技术和新技能,包括 EBOOKING(一款酒店管理应用系统)的操作、PMS(Property Management System,即酒店管理系统)的软件应用,以及客房管理、餐饮食品管理,甚至还包括了财务管理。在知识经济时代,一个民宿店长、管家基本上能称得上是一部小型百科全书。此外,民宿房间数量少,工作人员配置不全的情况下,需要多面手的情况非常普遍。因此民宿必须高度重视、认真做好员工的培训工作。

(一)培训内容

要做好员工培训,首先应对民宿各个岗位的工作任务进行分析,确定培训内容。表 4-1 为民宿客房服务员专业知识与专业技能的培训内容,可供学习参考。

表 4-1 客房服务员培训内容

序号	培训项目	培训内容(工作任务)	培训资料
1	工作概况	①客房工作内容、工作职责 ②房型布局介绍 ③交接班制度及注意事项 ④每月盘点及注意事项	

续表

序号	培训项目	培训内容（工作任务）	培训资料
2	客房清扫整理	①客房物品摆放标准 ②走客房清扫 ③住房清扫 ④卫生间的清扫 ⑤开门程序 ⑥铺床与撤床程序 ⑦客房维修及报告工作单的填写 ⑧各类清洁剂知识及其作用 ⑨清洁剂的配比及使用 ⑩抹布的分类及使用 ⑪吸尘机的使用及保养 ⑫空调开关的使用 ⑬杯具消毒程序	
3	客房服务	①加床服务 ②婴儿床服务 ③开夜床服务 ④租借物品服务 ⑤走客房检查及注意事项 ⑥客人遗留物品的处理程序 ⑦对客特殊情况处理	
4	客房安全	①安全知识 ②消防知识及主要疏散通道 ③灭火器的使用 ④火警等紧急情况的处理 ⑤安全操作	
5	选修课程	①茶艺 ②插花艺术 ③香薰	

（二）实施培训工作

从民宿培训内容来分，培训通常可分成两大类：知识性培训和技能性培训。

1. 知识性培训

知识性培训是指对员工按照岗位需要进行专业知识和相关知识的教育活动，其目的是通过培训使员工掌握并吸收所传授的知识，而掌握知识的关键是记忆。因此在知识性培训的授课过程中，应采取各种方法来提高员工的记忆功效。

2. 技能性培训

技能性培训是指对员工按照岗位需要进行的技能方面的训练与教育。其目的是通过培训使员工掌握运用所传授的技能，而掌握技能的关键是实际操作练习。

（1）讲解示范

在讲解前明确告知员工操作应达到的标准，详细向员工讲解具体的操作步骤，在讲解时注意利用实物或模拟教学环境进行操作示范，同时边示范边再次重复、强调操作标准及步骤，使员工有较深刻直观的印象。

培训师在向员工讲解操作标准、示范操作步骤和方法的过程中，应向员工解释清楚如此做的原因，可以促使员工自觉按培训要求做，收到更好的培训效果。

（2）操作练习

《荀子·修身》中有一句话："不闻不若闻之，闻之不若见之，见之不若知之，知之不若行之。"意思是没有听到的不如听到的，听到的不如见到的，见到的不如了解到的，了解到的不如去实行，学问到了实行就达到了极点。这和英语"I hear——I forget；I see——I remember；I do——I understand"的意思其实是一致的。技能培训不能只停留在讲解示范这一环节上，而应坚持实地操练，让员工亲自动手、不断反复进行练习。

为了增强培训效果，加强员工的动手操作能力，技能培训应坚持一对一的方式，使每位员工都能轮流进行一次上述的练习操作；最后，在每位员工都正确理解操作要求与标准，掌握正确的操作步骤方法的基础上，进行反复练习，培训师则在现场加以指导，以提高员工的操作技能，达到培训的目的。

五、日常劳动力安排

（一）预测工作量

民宿淡旺季特征明显，尤其是乡村民宿，双休日、节假日往往一房难求，工作日客情较淡，因此需要预测客房出租率与工作量，确定所需要的员工数，做到忙时事事有人做，客情淡时人人有事做。

（二）淡旺季人员合理安排

由于淡旺季客流量的差别，对应则是淡旺季工作量的差别，尤其体现在客房打扫卫生人员数量上，要进行灵活安排。如旺季，所有员工没有特殊情况的暂停止休息，工作日采取补休制度。同时可以通过兼职形式来招聘清扫客房的人员或者义工。

下面以浙江金华昱栈民宿为例说明民宿劳动力的安排。

（1）员工编制。昱栈民宿12间房间，1间杂货房。9名员工，其中1人管家，8名员工，全部是当地的村民。

（2）班次安排。平时2人早班，2人中班，2人夜班，1人休息，1人管家（正常班），1人杂货房（正常班），双休日客情较好，安排早班3人。

早班：6：30—16：00

中班：13：00—22：00

夜班：22：00—（次日）6：30

（3）工作职责。昱栈民宿分工不分家，员工基本都是多面手，日常工作职责主要为以下几条：

引领客人从村口到客栈；

前台入住、退房、预订服务、饮料、咖啡服务；

客房清扫、厨房、餐厅、庭院等公共区域清扫；

做早餐并负责提供早餐服务；

采购每天的菜品原料（管家负责）；

负责餐具洗涤、抹布洗涤。

（三）劳动力成本控制

民宿劳动力成本包括人员薪酬成本、人员生活成本（吃住、日常生活用品购买等）、人员福利成本（缴纳五险一金、过节福利等）。目前一些民宿存在着问题：淡旺季员工数量无差别、人员职业能力较弱，如前台只会做一些简单接待，而不会做其他工作，如网络推广营销、设备简单维修等。

（1）优化人员架构体系，精减人员。通过对每个岗位、工作量、淡旺季分析，在保证服务和工作质量不变的情况下，优化人员架构体系，精减现有人员。从而减少薪酬支出，达到人员成本控制。

（2）提高员工综合素质，加强员工培训，提高工作能力。民宿不同于酒店，各个岗位都有专门的人员负责，民宿中往往就是一人多职。民宿需要培养员工成为多面手，从而减少用工数量。

（3）淡旺季民宿会发生明显变化，如旺季可能每天有90%甚至100%的入住率。到了淡季，入住率可能一下跌到40%甚至50%。需要合理安排清扫客房的人员数量。

（4）制订合理的薪酬方案。民宿可以采用基本工资＋绩效工资＋福利这种薪酬体系。多劳多得、能者多得，以激发员工积极性，从而提高工作效率，创造出更多利润。

【相关链接】

松赞——98%的员工来自村里[①]

民宿在地化的一个典型例子就是"松赞"，这个在民宿界已经17岁的"老大哥"。

人们经常感叹"松赞"是一个传奇，但是在总经理知诗七林看来，"松赞"的传奇是建立在极致的在地化和独特的服务基础上。"松赞"给每一个客人带来独特的"在地化"体验，是它17年来有口皆碑的重要因素之一。

"松赞"背靠的是独有的自然环境及区域文化，营造的是"舒服"氛围，要让客人像回到家一样舒服。客人舒服的样子，才是"松赞"想要的样子。"松赞"的建筑、选址、文化、旅行培训、管家，都会挖掘真实的在地文化。

想做到这种"在地化"的体验，离不开村里的本地人。"松赞"98%的员工都是村

---

① 资料来源：刘荣.民宿养成指南.江苏凤凰科学技术出版社，2018.

子里长大的，他们最大的特点就是特别能照顾人。客人上门了，就像自己家里来了客人一样，热情招呼，倒茶送水，带着去玩儿……

知诗七林介绍说："我们每一家店情况各不相同，所以每家店的团队搭建，也没有特定的模式。但总体原则就是尽量使用当地人，甚至村里的人。一开始村里没有能做经理的，总店会下派一两个，等到把村里人培养起来，能做管理了，就把店交给他们了。一个驻店经理、两个助理，他们就是一家店的主人了。"

从 2017 年 7 月开始，"松赞"塔城店已经实现了 100% 的本土化，总部不用下派一个员工，当地村里的员工已经完全能够支撑一个店的运营，而且口碑是所有店里最好的。不断有人对"松赞"的员工培训感到好奇，知诗七林也在多个场合分享过"松赞"员工团队的成长之路。"松赞"认为，好的服务是不能被培训出来的，他们会用当地传统文化作为企业文化的根基对员工进行引导，用当地人能够接受的文化和方式进行教育，激发大家的主观能动性。知诗七林认为，把这件事情做好，最根本的基础是时间，"松赞"十七年的积累，不只积累了品牌和口碑，更重要的是员工的成长和团队的成熟。

【本章小结】

民宿组织机构的建立较标准化住宿业而言受条框限制较少，适应于民宿房间少、功能相对单一的特点而言，岗位设置上体现层级精简化，员工多面手，主人（老板）亲上阵等趋势，麻雀虽小，五脏俱全，任何一个岗位缺一不可。

【思考与练习】

1. 论述题

就你的理解，谈谈民宿的设立过程中哪些岗位是必不可少的？为什么？

2. 调研题

（1）调研 1~2 家不同规模的民宿，考察其组织机构及员工配置。

（2）假设未来你要筹建一家 10 间客房的乡村民宿，通过走访调研，画出你的组织机构图及员工配置。

模块五　民宿产品开发

【案例导入】

松云壹号度假客栈

丽江束河古镇的石莲山下，松云壹号度假客栈傍水而居。客栈是两层楼的丽江特色木质古建筑，院内繁花似锦，院外青山碧水。客栈拥有不同风格的精品客房20间，能让客人感受到兼具本土文化特色与都市高端品质相融合的不凡品质。客房内铺设有地暖，配有精良的卫浴与床品；空间内装饰着摄影师作品、原创油画、漆画屏风、本土民风手工家具，弥漫着浓郁的艺术文化气息。家具的陈设上，藤质、木质跟皮质相辅相成。充满设计感的线条和天然纹理的质感，布艺与装饰品的色泽层次，令每个房间、每处细节都充满无限的遐想。

客栈内还设有餐厅、酒吧、露天电影院、茶室、棋牌室、瑜伽露台、书房等多个独立的休闲区域，每个区域自然地融入风景，身处其中，可以享受彻底的放松和快乐。

更棒的是私人管家，从入住的接待到最后的离店，都为客人提供全程的专业服务。推荐当地旅游，组织农家乐活动，绝对让宾客满意而归。

这些就是在松云壹号的度假生活，闲适舒心，自在畅意。

思考：什么是民宿产品？民宿产品有哪些？

 学习目标

- 掌握民宿产品的概念及分类
- 掌握民宿基本产品的开发思路及方法
- 掌握民宿特色产品的开发思路及方法
- 掌握民宿配套产品的开发思路及方法

【学习任务导图】

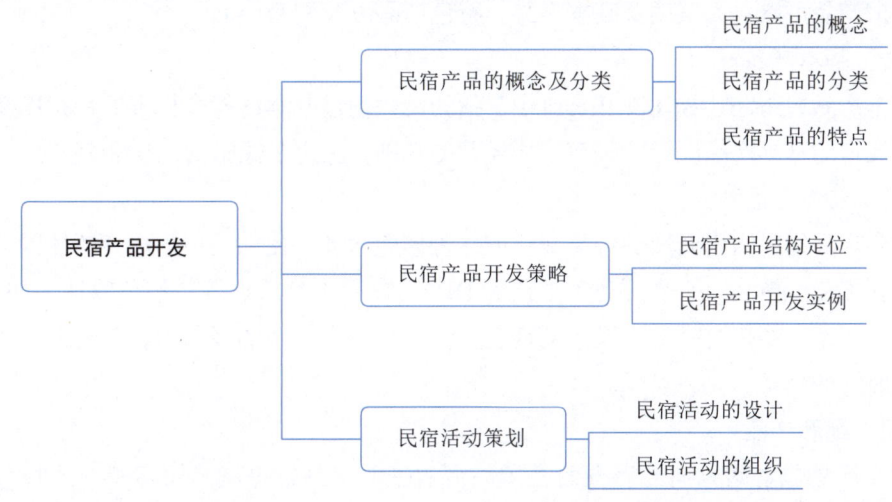

项目一　民宿产品的概念及分类

一、民宿产品的概念

产品是指被人们使用和消费，并能满足人们某种需求的任何东西，包括有形的物品、无形的服务、组织、观念或它们的组合。民宿产品的概念可以从供给者和消费者两个角度理解。

（一）供给者角度

从供给者的角度来看，民宿产品是指民宿企业为客人提供的能够满足客人某种需求和欲望的、任何有形的、可以计量的物品和附着在有形物品之上的无形服务之和。它由若干个不同要素组合而成，不仅包括具体的民宿产品，如客房、餐饮等，还包括各种服务。

（二）消费者角度

从消费者即客人的角度看，民宿产品是客人通过支付一定的时间、精力和金钱所获得的一连串的生理满足，经济满足，社会满足，心理满足或不满足的结合体。客人眼里的民宿产品，不仅仅是他在消费过程中所购买的一个床位，一个餐厅座位，一次接送服务等，而是民宿资源、设施设备等有形产品与民宿服务人员提供的一系列无形服务的综合体。

二、民宿产品的分类

民宿产品可以分为三类：基本产品、特色产品以及配套产品。

（一）基本产品

基本产品，B&B（Bed & Breakfast）指的是民宿最基本的符合标准的住宿以及早餐服务。民宿的基本产品决定了民宿成功经营的基础，决定了民宿的品质和基调。

（二）特色产品

特色产品指民宿内开展的各类文化或休闲体验活动。比如民宿内配套的休闲娱乐活动：卡拉OK、游泳、品茶活动，工艺品DIY、农事体验活动等；特色餐饮，如午餐、晚餐、下午茶、烧烤之类的。民宿的特色产品，提高了民宿的吸引力，并有助于实现客人逗留时间的延长。

（三）配套产品

配套产品包含两方面，一方面是指民宿的副业产品，也就是民宿特产或特色产品的销售等；另一方面指的是旅游产品，也就是民宿联合周边资源和景区提供给住客的"游"方面的产品。民宿的配套产品是"食、住、行、游、购、娱"的旅游全产业链上的重要环节。

三、民宿产品的特点

民宿产品作为住宿类产品，既具有住宿类产品共有的特征，又有自己的个性。

（一）住宿类产品共性

1. 有形产品与无形服务的结合

客房、餐饮、菜肴、各种康乐设施都是有形产品。但是，客人的住宿、用餐与活动，几乎时时刻刻都离不开工作人员提供的服务——无形服务。无形服务比有形产品更为重要。

2. 不可储存性

对住宿类产品而言，这至少有两层含义。首先，客房、会议室等，一天不出租，一天就不能创造价值。它们作为住宿产品的组成部分不能像工农业产品那样储存起来，日后再卖。其次，无形服务同样不可储存。

3. 生产与消费的同步性

民宿产品的生产（提供服务）是根据客人的即时需要而定时进行的，即民宿的各种服务是与客人的消费同步进行的。通常是边服务边消费，等服务结束时消费亦同时结束。因此，民宿产品的生产必须以顾客来到民宿消费为前提，即以顾客需求为前提。顾客直接介入民宿产品的生产过程，在直接消费中检验民宿产品的质量，并以自己的亲身感受表明他们的满意程度。民宿产品的生产、交换、消费在空间上往往同时并存，即当民宿服务人员向顾客提供服务的时候，也正是顾客在消费的时候。

4.季节性

民宿产品的生产与消费具有季节性的特征，特定时间、特定区域的市场需求有淡旺季之分，呈周期性变化。如周末、国家法定节假日是民宿产品生产与消费的旺季；民宿所在区域的旅游旺季也是民宿产品生产与消费的旺季。

（二）民宿的个性

1.依附性

民宿的出现最初是作为旅游旺季时的住宿补充，大多都在旅游景区附近，所以具有很强的依附性。在台湾地区，学者通过回归分析发现民宿与休闲农渔业、风景特定区、海水浴场、高尔夫球场、国家公园、森林游乐区、温泉、湿地、古道、瀑布、水库湖泊、形象商圈商店街及观光游乐业有显著关联，说明民宿之发展与观光资源有关。

如凤凰古城的民宿不是每一家都有优越的地理位置，但给予的是从不同角度欣赏凤凰古镇的美。为了一览最美的凤凰美景，民宿主将自家民宿放在半山腰上，而为了不破坏生态环境，采用了最生态的青石板铺路。虽入住不一定便捷，但民宿提供了一个更自然、更具诗意的环境。位于古城最核心、最繁华的沱江泛舟风景区的"等一个人"江景客栈，拥有古城不错的观景台，俯江而望，泡上一杯清茶，远离古城的喧哗，享受最美风景。而位于古城凤凰核心景区沙湾的山谷花间，后倚空气清新植被茂密的奇峰山，推开门窗抑或站在露台，凤凰古城美景一览无余，独自一人或三五好友，品茗咖啡还是啤酒，都将是一次盛大的视觉体验和美的享受。

2.地方性

作为"小而美"非标准化住宿的民宿，其"美"的来源就在于充满着地方风味。建筑材质、房屋布局、室内装饰、设备设施、餐饮菜肴、庭院设计等都呈现着本地风貌。不仅满足了游客的住宿功能，更是承担着深度体验的地方载体。

很多民宿是由当地具有历史意义的老房子修缮而成，本身就是历史文化积淀下的产物，如花间堂系列——"花间堂·丽则女学"，就是在当地传统建筑基础上进行创新设计，基本保留古建筑的风韵，重新演绎每栋房子的历史和故事，将地方人文特色与家的理念融入设计中。借助民宿这个媒介，将地域文化特色作了完美展现。"花间堂·丽则女学"是由民国时期的女校改造而成，保留了百年间的校门和学校的整体框架，以婉约、细腻、温情的方式，打造独具特色的民国名媛女学风华之旅，以人文休闲度假模式，传达中华之美。

图 5-1 具有地方特色的民宿

3. 交互性

深度体验的旅游除了投射在有形产品赋予地方性特征外，无形服务更是深化了游客的地方氛围体验，而这种无形服务来源于民宿中的主客交往的互动过程。主客的闲暇聊天、农事体验、景点咨询、安全提醒、代订服务等都让游客感觉到个性化、定制化需求的满足。

这种交互性让民宿充满了浓浓的"人情味"。民宿主人正是民宿区别于传统酒店的关键所在，民宿文化从某种程度上说是老板或老板娘文化。在传统酒店服务业，游客接触的基本都是标准化服务的服务员，所有的沟通甚至微笑都是标准化的，缺少了人与人之间的温度的传递。而在民宿中，则是朋友与亲人的感觉。在凤凰古镇的民宿里，民宿主人多以花名昵称或者兄弟姐妹的称呼，亲切自然，随和温暖。他们会有当地的服装或者自己喜爱的穿着；会亲自去凤凰的车站迎接游客；会邀请游客一起共进晚餐；像家人一样嘘寒问暖。而最特别的是，民宿的主人都有讲不完的故事。有人曾说过民宿卖的是主人的故事，一个有故事会讲故事的主人才能吸引大批游客来这儿听故事写故事。一个个有情怀的故事，让产品独具魅力，让游客深度体验，入乡随俗。

4. 家居性

Airbnb 的民宿广告语是"与房东互动，了解当地民俗"，全民宿网的是"慢享生活之旅"，去民宿网的是"不一样的旅行"，去哪儿网的是"住的就是家"。民宿与传统的酒店住宿呈现出不一样的体验感，在装修风格、物品摆放、服务提供方面更接地气，个性化、定制化，使游客感觉像在自己家里一样舒适自如。

【相关链接】

建在云端上的民宿——过云山居①

过云山居位于被誉为"江南最后桃花源"的丽水市松阳县的明清古村落西坑村最靠近山崖的位置。民宿海拔约650米，三面山景，视野一览无余。过云山居的正对面便是山谷，一年中有超过150天呈现壮丽云海，且云海气势如虹，势若潮水奔腾，因此堪称江南最后的仙隐桃花源。这个由旧屋改造的民宿，被称为"民宿奇迹"，就如同它的名字一般，云在这里没有距离感，当你躺在床上，坐在沙发上，只要你打开门窗，就会看到云海汹涌地向你扑过来。置身于云海变幻中，任何人都会情不自禁地赞叹。

从2015年8月开业至今，过云山居一直保持几乎100%的入住率。爆款入住率的原因，和过云山居精准地选址、设计和建造不无关系。过云山居建筑面积约1500平方米，建筑风格是框架结构，外立面采用石头、夯土、实木板等生态元素。

过云山居的初始建筑，是由一栋90年代水泥建筑和一栋老宅构成。内部结构封闭不通透，浪费了近在咫尺的云海。建造者选择把一楼全部打通，面朝云海的那堵墙，用大幅的落地玻璃窗代替，借景入室。入口的地方被命名为"小客厅"，客人可以坐在榻榻米上像一家人一样一起喝茶、看云。同时，公共空间正中是张长桌，可以容纳10~20人用餐。请来的大厨，每天用当季的松阳食材奉上创意法餐。二楼原来有着室外走廊，里面全是不通风的房间，阴暗潮湿。建造者巧妙地将走廊换到了里面，两栋房子，8个房间，2间双床房，5间大床房，1间家庭房。房间是新中式装修，老建筑与现代风格结合，颜色素雅，墙面采用木板装饰，家具采用原木家具。每间房都有坐看云海的大露台，无须踮脚，就能吻一朵云。房间里，除了完美视野，还有超大浴缸，面朝山谷。

过云山居的室外空间占了一半，客栈内部的设计留白比较多，主要目的就是让住在这里的客人将更多的视线、更多的情感放在室外，和云在一起。户外则有两处露台，一处进门可见，留了一面夯土墙做云海的玄关。另一处露台大且开阔，原本是山体斜坡，搭建后凌驾在海拔650米之上，与云比肩。露台延伸部分做成了户外活动区域，特地辟出亲子活动区域。修建露台的时候，保留了斜坡上的几棵老银杏树，秋日黄叶铺地，树下饮茶、玩耍，都是风景。冬日漫山银白，耀眼日光散发着一圈圈光晕让人昏昏沉沉犹

---

① 资料来源：观丘旅游.民宿业界神话案例之：过云山居［EB/OL］.（2020-09-11）.https://www.sohu.com/a/417712812_120437386.

如梦境。如此美景，让人初次谋面就爱上，不舍得离开。

过云山居三大特点：

①景观场景无与伦比，景观露台，视野开阔，与云比肩，犹如仙境；

②室内、室外的公共空间，给予了游客发呆消磨时光的场景和内容，把民宿打造成修身养性的度假目的地；

③人性化的服务是民宿的核心亮点，晚上7点钟的甜点和伴手礼，有仪式感的美味早餐等，暖心又暖胃。午晚餐民宿工作人员可以帮忙预订周边农家乐和场景布置。

项目二　民宿产品开发策略

一、民宿产品结构定位

民宿产品结构定位指的是明确民宿产品的构成，即不同产品在民宿产品中所占的比例。产品市场定位是民宿产品结构定位的前提，在确立市场定位的基础上，民宿产品的档次和定位就得以确立下来。

以中高端消费者为目标客户群体的民宿，在设计民宿产品时应充分考虑中高端消费人群的入住习惯、消费偏好、消费意愿，提供针对性的民宿产品。如，中高端的养老度假型客人，可适当安排理疗室、休闲茶会、垂钓等慢生活度假产品；而针对年轻的"90后"团建客人，可考虑生态采摘、山地登高、户外探险等趣味、刺激的娱乐产品。

表 5-1　民宿产品结构表

产品类型		开发思路	产品内容
基本产品		提供最基本的符合标准的住宿、早餐服务	风情/主题住宿、特色早餐
特色产品		结合主人的爱好，打造创意民宿休闲活动	自助厨房、休闲茶室、咖啡吧、小型红酒吧、棋牌室、台球桌、图书室、影音室、理疗室、工艺品陈列室、艺术画廊、工艺品制作、音乐酒吧、沙画制作等
配套产品	副业产品	提供购物等配套产品	民宿纪念品、特色商品、土特产等
	旅游产品	联合周边资源和景区，开展主题旅游活动	农耕体验、生态采摘、垂钓、温泉浴、滑草、古建筑参观、景区游览、山地越野、山地登高等

二、民宿产品开发实例

（一）民宿基本产品开发

1. 民宿风格

民宿应结合所在地域，民俗风情等，开发风格独具的民宿产品。从建筑的风格，到内部装修风格，都要与当地文化与现代美感相融合，促进自然与人文景观的协调，充分体现民宿的质朴的生态美，提升游客的审美体验。

例如，凤凰古镇作为有代表性的古镇，是苗族、土家族等少数民族的聚集地。这里的民宿大多颇具少数民族风情，在保护和搜集当地文化特色的基础上，通过创意的方式营造出少数民族异域氛围。从建筑的装修到屋内的饰品都尽可能简约复古，体现出当地淳朴的少数民族气息。

2. 民宿住宿产品

民宿客房数量虽然有限，但却是民宿的基本产品，也是核心产品，它不仅是民宿经济收入的主要来源，而且是带动其他经营活动的重要枢纽。客房产品的好坏，不仅直接关系民宿产品的质量，而且影响到整个民宿的运行和管理。

民宿客房产品除了硬件方面的打造，如室内空间的设计、房型的布局、设施设备的安装外，重在向客人提供一个安全、清洁、健康、舒适的休息环境。客人住得舒心、安心、放心，是所有入住民宿客人的基本需求。

图 5-2　民宿不同房型客房

3. 民宿早餐产品

早餐是民宿餐饮环节中的必选部分。它的好坏对游客的美誉度和忠诚度起着关键的作用，因此民宿早餐既要保持一定的风味特色，又要绿色生态，同时还要干净卫生。出色的民宿早餐需要考虑几要素：颜值、味道、营养，大部分民宿早餐都会主食辅以小菜＋餐后水果；也有的民宿讲究些，会提供自助餐。不同类型的民宿，可以结合实际特色和成本，选择适合的搭配。

【相关链接】

民宿早餐的 N 种可能性[①]

➢ 结合当地特色文化

锦上云宿舟山店：早餐中的小菜加入舟山特色鱼干。当然正餐也会提供时令海鲜、海鲜火锅等。

千里走单骑·乐山酒店：民宿贴心准备乐山本地早餐，叶儿粑、虾饺、红糖糕、山药等，让每一位入住的客人都有了宾至如归的体验。

筱驻：民宿坐落于烟雨江南——苏州，民宿早餐也极具苏式特色：蟹黄小笼、时令银鱼馄饨、特色三色拌面。民宿早餐的拌面真的是一绝，很多客人不远千里都是冲着这一口清凉拌面而来。

➢ 结合民宿调性与设计风格

锦上云宿上海店：这家民宿在陆家嘴，民国大宅改建，他家早餐提供的是民国风情系列，中西点＋在民国风的露台就餐。

莫干山忘忧部落：民宿主营露营，早餐供应盒饭也是十分契合露营风格。

➢ 以颜值主打：六宫格/九宫格

日式风的九宫格早餐在民宿圈里也不少见了，主要是拍照特别好看。

图 5-3　民宿六宫格早餐

[①] 资料来源：订单来了. 我们从 50000+ 民宿里挑了 9 份早餐［EB/OL］.（2021-08-20）.https：//www.xiaohongshu.com/explore/611f4ba8000000002103dadc

➢ 手作早餐：山里本味

莫干山蕨宿温泉民宿：寻常烟火味，最是抚慰人心，民宿早餐有山里阿姨做的手工青团，大厨自己种的有机红薯，特色小菜等。

瑜上山间汤池养生度假酒店：独家小菜再配着自家做的酵母馒头，在回味生活本味的同时也找到了童年的味道。

➢ 自助早餐：酒店式标配

墅家：墅家主要是提供半自助式的早餐，惠州分店提供的类别是广式早茶，广州当地的特色早餐，叉烧、肠粉、粥、糕点……一定要慢慢品尝，慢慢品早茶的真味所在。丽江雪山店提供的就更多一点，广西米线、广式早茶……种类十分丰富的早餐配置，就着窗外的美景早餐的美味都会加分。

（二）民宿特色产品开发

1. 民宿特色餐食

民宿特色餐食除基本的早餐以外，还可以打造特色的午晚餐食，尤其是一些周边没有配套餐饮的民宿，更是需要有餐食产品满足客人需求。而一些民宿的餐食产品不仅吸引了住店客人，还可能吸引其他的游客。特色餐食开发需要注意以下几点。

（1）原汁原味。民宿饮食与普通餐饮相比较，烹调方法简便、质朴，保持农家饭菜的原汁原味，当地人平常吃的是什么味，就做什么味。农家乐的饮食不仅要味道地道，吃饭的环境和盛器也要符合当地环境特色，在一个农家小院里，几个草墩，一张小方桌……这些细节平添了几分农家乡土气息，让游客更增亲切之感。盛器外形古朴、花色简单，粗碗、瓦罐、砂钵、炭炉，对那些崇尚自然、返璞归真的游客而言，无疑是一种别样享受。

（2）绿色生态。农家菜应该选用野生、家养、粗种的原料，这些原料应是自然生长，没有受到污染的。不仅是原料，在加工制作上农家菜也要追求"绿色、营养、健康"。民宿主人应在"绿色"的基础上，以游客需求为导向，根据农家特色不断创新菜点，满足消费需求并引领绿色消费时尚。

（3）特色化经营。如果说民宿的住宿环境是吸引游客第一要素，那么餐饮特色就是培育顾客满意度、提升二次消费的主要途径。各地的乡村旅游可以根据所在地区的地域、民族、文化特色来设计自己的民宿餐饮。"靠山吃山，靠水吃水"，合理利用当地的资源。

（4）干净卫生。干净卫生是民宿餐饮的基本条件，如果器皿不卫生，招待人员不讲卫生，原料也不清洁，再好的餐饮也不能满足顾客的需求。这就要求民宿特色餐食从环境到原料，从厨房设施到工作人员，都应该把清洁卫生放在极其重要的位置上。

民宿的饮食餐饮在整个旅游过程中有着重要的地位，令人满意的饮食可以起到意想不到的效果，而不能抓住游客的胃口有可能会失去现有的客人和潜在的客源。特色餐饮是民宿的一项主要旅游吸引物，它的好坏对游客的美誉度和忠诚度起着关键的作用。因此民宿特色餐食既要保持一定的风味特色，又要绿色生态，同时又要干净卫生。

【相关链接】

西坡：一个想养胖你的家[①]

西坡集团始于2009年莫干山。"西"，代表开放的、包容的；"坡"是在地的。"西坡"是一家根植于乡村，集设计、软装、运营于一体的民宿度假品牌。选择拥有独特自然风光和历史人文价值的乡村，让民宿与自然共生，激发传统乡村的活力，为客人打造无国界的乡村度假体验。西坡的宣传口号是"山林、湖泊、沙漠、大海，和一个想养胖你的家"。

西坡莫干山店每栋老宅改造的别墅里保持了德清乡村家的气质氛围，配备有独立厨房、客厅、前后院子、卧室等。西坡的私人厨房实在够大，装备齐全，你可以自己动手做上一顿，也可以让阿姨来烧。"阿姨的菜"是西坡的撒手锏，阿姨是货真价实的当地阿姨，甚至有些就是原来的房主；菜是土生土长的本地食材，这里信奉应时而食的传统养生学，客人不需要主见，阿姨会按照事先得到的饮食偏好结合时令自配菜色，有啥吃啥，做好了摆满一桌，大喊一声"吃饭了"，食客们自然闻着香味蜂拥而至，即便是刚认识的陌生人，也在这种温馨的磁场中迅速打成了一片，这样的场景也只可能发生在"家"里。

她们不是专业厨师，却有着几十年的厨龄，烧的都是不花哨但健康的家常菜，是最耐品的妈妈的味道。她们也只为你——远道而来的"家人"烧一顿饭，有那么点农家私房菜的意思，又带着乡村的热情。

这里最好吃的一道菜是什么？在琳琅满目的菜品中，谁又能给出一个标准答案呢！有人推荐酱烧螺蛳鸡，也有人说是阿姨煮的鱼头豆腐汤，比千岛湖和天目湖的鱼头汤还好吃，还有人念念不忘勾起儿时记忆的鲜美无比的土鸡汤，或者是一碗腌笃鲜，农家腌制的咸肉，竹林现摘的鲜笋，成就一碗最正宗的江南菜肴。不放味精，没有污染的蔬菜，刚从田地里采摘就上了灶台。雪沫乳花浮午盏，蓼茸蒿笋试春盘。人间有味是清欢。

[①] 资料来源：乡旅报告.西坡 一生只做这一味——家［EB/OL］.（2019-09-26）.https：//baijiahao.baidu.com/s?id=1645176920022378423&wfr=spider&for=pc

2. 其他餐饮类

民宿在给客人提供基本的早餐及午晚餐外，还可以结合民宿主人的爱好或当地资源设计其他的一些餐饮类产品。

（1）下午茶

民宿下午茶是让客人在民宿留下来的一种很好的方式。下午茶菜单不需要复杂，定价需合理，同时要将颜值和氛围感拉满，也可以对外开放。建议需要提前预订。

下午茶套餐一般包括饮品＋小点心，如可以参考：

饮品：西湖龙井、云南滇红、白茶、大红袍（茶饮）；

小点心：坚果/小饼干/干果/小茶点/时令水果。

（2）咖啡、酒精类饮料、茶饮类

民宿还可以结合主人的爱好或特长推出酒水饮料类产品。如咖啡机已是不少民宿的标配，有的民宿甚至还有小型咖啡店，大乐之野的 Lost Cafe 在业内已是小有名气的；位于广州的民宿你是我的虚荣精酿啤酒＆民宿一楼就是小酒馆，有满墙的精酿啤酒，还有一些果酒，是十分有特色的；也有民宿有茶室，配合茶艺表演，让客人可以品茗养性；针对年轻客人，鲜榨果汁、奶茶类饮料也是很受欢迎的。

（3）其他类

自助厨房、烧烤架等设备既可让客人亲手体验做菜的乐趣，也带给客人不一样的餐食体验。

3. 公共空间产品

民宿公共空间和客房一样重要，甚至相比较客房会更重要。选择住民宿的客人很多需要的是聚会、聚餐，一起玩闹的场所，各自回房睡觉的时间在出行时间中只占很小的比例。这些客人的核心诉求是"社交"，因此，民宿要为客人提供一个类似"家"的可以随心所欲地交往的空间。

首先，民宿可以结合自身定位和特色打造不同功能的公共空间。例如除餐饮空间外，还可以有棋牌室、台球桌、图书室、影音室、理疗室、工艺品陈列室等。

其次，还要在公共空间中打造亮点。不仅会起到事半功倍的效果，也更能给初次入住的客人带来惊喜，让人们记住，从而创造二次消费的可能性。民宿公共空间把一个特点做足做透，会让人印象深刻。比如：一个特色的香草花园肯定会吸引很多植物爱好者趋之若鹜，一个超大的开放厨房和餐厅一定会吸引一大批爱做饭的吃货前往，一个小小的烧柴火的壁炉也会让民宿在寒冬里住满围炉取暖的客人。

最后，公共空间还可以开展手工体验类活动。如陶艺体验、扎染体验、沙画制作等。

（三）民宿配套产品开发

1. 副业产品

民宿给客人提供购物等配套产品，如民宿纪念品、特色商品、土特产的售卖。此类产品一般也被称为"伴手礼"，是一种重要的在地文化体现，已成为民宿产品的重要内容。伴随经济的发展，当今客人在民宿过程中的消费，越来越注重多元化的满足，民宿伴手礼并不是价值不菲的名贵产品，而是代表着送礼者的心意，是牵动人与人之间情感联系的桥梁。因此，民宿伴手礼在产品设计中，是一种兼具物质性与精神性的特殊产品，需要更多地关注在地文化的形式表达及消费者的情感需求。

（1）地域性

我国文化博大精深，历史文化悠久传承，不乏地方特色的食材或食品，这些都是伴手礼的"创意根源"。民宿伴手礼的地域性，就是利用在地特产，结合独特的制作方式，形成特色美食。如台湾的凤梨酥、云南的鲜花饼，都是采用了当地熟知的食材，匠人的精心制作满足大家对健康与口味的双重需求，精美的包装融合了人文与时尚。

（2）独特性

贵的并不一定是最好的，有特色、有新意才是好的伴手礼。独特性是指民宿的伴手礼区别于别家的鲜明个性，可以是品种独特性、品质独特性、功效独特性以及文化独特性等多个方面。有些民宿会印制专属的民宿风景明信片让旅客寄给亲友或是自己，让旅行的回忆可以永远保存、散播。澎湖旅游的民宿制作了印有民宿logo和民宿外观的环保袋，只要打卡或是在粉丝团点赞就能得到。客人回家之后还会再次使用，并且可以得到很棒的宣传效果。

（3）文化性

有些伴手礼结合传统文化和地方文化特色。也使得伴手礼更有话题性。不仅民宿会讲故事，民宿伴手礼也会讲故事，具有浓郁地方特色的伴手礼，能传播当地文化、旅游文化，提升当地影响力和知名度。如云南的孔雀羽翎梳子，正是因为孔雀是西双版纳的标志，是傣族文化中女性的象征，集美丽、健康于一身。

（4）美观性

一是伴手礼本身的美观，二是包装设计的美观。伴手礼的包装风格应该主题鲜明、设计美观、风格统一。主题鲜明是需要包装突出主题，让游客一眼望去就知道是什么商品。设计美观关系到游客的感官，由于人往往被美好的事物所吸引，所以设计美观的商品更容易获得游客的青睐。风格统一指的是商品的里包装与外包装要成为一个整体的风格，最好使用相同的色系或者纹样，这样能使游客更愿意将这样的伴手礼带回家送给亲朋好友。游客通常喜欢携带轻便的产品，所以在设计食品包装时要尽量在保持美观的同时减轻包装的重量。把茶叶压成各种形状，其实也是一种包装。现在客人收藏茶叶，已不满足于千篇一律的茶饼，也希望茶叶买回家能成为一种装饰。

（5）市场性

市场性指的是方便携带、价格适中、容易获得，可以宅配，通过邮购、电话、网络等虚拟门市，展开非店铺行销。台湾的伴手礼文化历史悠久，很多游客都会在出发前去"台湾观光年历""台湾好行"等网站做台湾各地伴手礼的功课。网站首页导航中除了常规的民宿介绍外，还专门有一栏是伴手礼美食推送，把许多民宿的特色伴手礼放在网站上，同时标注了特色、口味、价格及配送联系方式，这种集中性的服务非常容易让客人进行了解及选择，可以借鉴。

【相关链接】

大山的礼物[①]

位于北京延庆下虎叫村的山楂小院，用闲置农宅改建而成，一个个小院，就是一个小小的天堂，有北京最美的自然风景，也有小院清凉的田园时光，带着一番"晓看天色暮看云"的悠闲。

小院会把小米、山楂、玉米包装出来，作为伴手礼。把村里不值钱的山楂做成山楂汁，作为客人们到来后的迎宾饮料，每人倒上一杯。客人品尝后，都会跟管家问这个山楂汁在哪里可以买到？都要带回去给家人和朋友。

后来惊奇地发现，山楂汁带来的利润超过了12间房子产生的利润。山楂小院要消耗本地10吨的山楂，山楂5毛一斤，一斤熬制2瓶，售价58元一瓶，价值高达100倍以上。

为了满足客人复购的需求，山楂小院依托互联网平台，在"隐居乡里"微信公众号平台推出微店——"大山的礼物"，客人可以在微店购买野生山楂汁、新小米等产品，另外，根据不同季节，还有时令农产品销售。

2. 旅游产品

民宿可以联合周边资源和景区，开展主题旅游活动，使客人留下来，延长客人的停留时间。如农耕体验、生态采摘、垂钓、温泉浴、滑草、古建筑参观、景区游览、山地越野、山地登高等。

[①] 资料来源：庄主帮.乡宿带来产业升级：5毛一斤山楂没人要，变果汁58元/瓶，价值高达百倍！[EB/OL].（2021-01-05）.http://news.sohu.com/a/442638048_518331

【相关链接】

美泉：十国风情私汤别院[①]

美泉沐浴文化民宿，位于汤山温泉旅游度假区的汤家家温泉村。汤山，地处南京东郊，国家级旅游度假区，千年温泉古镇。2012年10月，被世界温泉养生联合会授予"世界著名温泉小镇"称号。是中国唯一获得欧洲、日本温泉水质国际双认证的温泉，有"千年圣汤，养生天堂"之美誉。

图 5-4　美泉民宿外观

"美泉民宿"，得名于村中的一眼泉水，其四季皆温，据传神仙云游至此，临流掬水，洗涤尘虑，身心俱美，故称此泉为"美丽之泉"，即美泉。美泉民宿，以沐浴文化为主题，"小民宿，大世界"为设计理念，打造不同国度、不同沐浴文化的主题温泉客房。

无论是在阳光还是星空的映衬下，蓝白相间的欧式风格建筑都能让你耳目一新。随便在哪个角度取景，这里都将成为你的拍照胜地！

美泉打造土耳其、叙利亚、摩洛哥、希腊、意大利、埃及、摩纳哥、西班牙、法国、塞浦路斯十国风情主题客房。当你来到美泉，地中海海岸的海风仿佛迎面扑来，会让每一个向往爱琴海和异国风情的姑娘爱上这里，极具亲和力的田园风情及柔和色调组

[①] 资料来源：美泉私汤民宿.美泉 | CCTV专访的十国风情私汤别院［EB/OL］.（2018-01-11）.https://mp.weixin.qq.com/s/P847KgRNyTucV3gO6Pr5eQ

合的搭配，会让你一瞬间置身于异国他乡，享受海岸风光。每一间客房均带一个室内温泉泡池，并提供手工温泉皂，让住店的客人在泡温泉中得到放松和休憩。

图 5-5　土耳其风情棉花堡

项目三　民宿活动策划

一、民宿活动的设计

民宿是一种特殊的消费方式，其突出特点是消费类型的多元化、消费结构的多元化。客人外出除食宿等基本需求外，还需要文化娱乐、康体健身等各种体验项目，以便放松休闲、丰富精神生活。民宿活动为民宿赢得客源市场，增加营业收入、带动相关消费，促进宣传与口碑，满足客人综合性的需要等方面起着不可或缺的作用。

（一）设计原则

民宿在规划和经营时，应该根据自身的情况和发展的需要，合理选择活动项目，一般来说，活动项目选择设计应遵循以下原则和依据。

（1）讲究经济效益和社会效益，即活动项目能够为民宿带来直接和间接经济效益，提升民宿品位档次和声誉。

（2）尽量满足民宿消费者正当需求，不提供违背社会主义精神文明的服务项目和内容。

（3）因地、因店、因时制宜，根据民宿的地理位置、投资能力、环境条件、客源市场需求和竞争状况来灵活选择设计活动项目。

（4）讲求特色，符合国内休闲业发展趋势。

（5）符合当地风俗和习惯，适合当地政治、经济、人文环境。

总之，民宿活动项目的设计必须符合民宿特点，保证活动项目的趣味性、文化性、艺术性、知识性和刺激性，不仅要让客人休闲娱乐，更要让客人在休闲娱乐中陶冶情操、丰富知识、提高情趣，满足精神文化消费需求。

（二）活动类型

1. 日常类活动

可以挑选几个固定活动作为民宿的日常活动。室内的话，比如做手工、绘画、剪纸之类。户外的话，可以在院子外搭配一些简易的设备进行活动，比如秋千，在具有实用性的同时兼顾了美观性。也可以在草地上让客人踢球、放风筝、玩飞碟等。

2. 季节性活动

可以根据当地耕种的实际情况，发布一些农事体验活动，依照季节的不同，进行耕种、采摘、收获等活动，让客人感受到当地的生活氛围。如民宿春季推出的采茶、制茶体验，茶园漫步、拍照，普及茶叶知识，老少咸宜。

【相关链接】

浙江松阳新兴镇：茶旅[①]

浙江丽水松阳县新兴镇，茶园面积占全县五分之一，素有"浙西南茶叶第一镇"的美誉。全镇60%人口从事茶产业，70%农民人均收入和80%农业产值源于茶产业。

初春时节，绵延起伏的大木山骑行茶园，茶香四溢、生机盎然。镶嵌其间的茶室、骑行绿道、茶叶博物馆，弥漫着独特韵味，让人流连忘返。这里已成为全国茶旅金牌路线点，是国家4A级旅游景区。

以茶叶为媒介，以骑行为主题，以休闲运动养生为目标，新兴成功打造出全国最大骑行茶园和全国首批绿色食品第一、二、三产业融合发展示范园——大木山骑行茶园。这个茶旅融合的示范景区，每年都吸引五六十万人次游客，旅游收入达四五百万元。

"带不走松阳，就带走这些茶叶里的独家记忆。"最近，大岭里村"陌领浮光"精品民宿推出"采茶踏青季"，让游客在大木山骑行茶园里漫步、骑行，现场体验采茶制茶，包装好后再带回家。

在大木山骑行茶园游客接待中心门口，有条集住宿、用餐、购物等于一身的"茶香

---

① 资料来源：钟根清，孙丽雅.浙西南茶叶第一镇松阳新兴镇，叶子里的富民经让茶农越来越富裕［EB/OL］.（2019-03-15）.https：//baijiahao.baidu.com/s?id=1628049109537386351&wfr=spider&for=pc

一条街"。这里的"壹茗茶行"主营自行车租赁和茶叶销售，旅游旺季一天的自行车租赁收入可达 1000 多元。茶叶线下和线上同时销售，一年收入有 10 余万元。

这些年，茶文化主题民宿如雨后春笋般在新兴涌现，为茶乡增添了不少韵味。不仅盘活了茶园和老屋资源，还增加了茶农收入，带动了村集体经济发展。

"茶田李下"民宿是当地最早的一批茶主题民宿。主人李贤高原本在外从事松香生意，2015 年春节回家看到茶乡游客络绎不绝后，便投入 30 余万元改行做民宿，推出茶叶主题餐饮，在家门口吃上"旅游饭"。

2016 年 3 月开业的"小茶姑娘"民宿，由老式夯土房改建而成。茶文化是这家民宿的符号，每个房间都融合了茶室的雅致。这里还推出瑜伽、太极等主题活动，吸引了大量游客前来游玩体验，一年营业额达 50 余万元。

坐落于大石村的"中野·茶香轩榭"，不只是家简单的民宿，而是一个健康绿色的茶油茶叶文化主题景点，这里的茶香茶叶体验馆、古屋茶室及绿皮火车咖啡茶室别具一格。目前，正致力于打造一个集旅游、养生、娱乐、住宿、购物于一体的绿色旅游综合体。

3. 节日性活动

节假日是旅行的高峰期，应当配备相应的特色节假日活动，比如端午节带客人包粽子，中秋节带客人做月饼，等等。

4. 当地性活动

充分挖掘在地文化是经营民宿必不可少的一步。可以详细了解当地周围的传说故事、特色职业、手工业等，充分挖掘在地的民俗活动、民俗文化，并让客人参与体验。如柳编、刺绣、扎染、做陶器、舂年糕等。

5. 特殊活动

特殊活动可以是亲子活动，让父母和孩子共同参与体验；也可以是某种兴趣爱好的聚集地，考虑和一些爱好者部落合作，比如登山、潜水、滑雪、摄影、骑马、徒步俱乐部或机构等。还可以接一些私人聚会、团建、野炊、桌游等活动，充分挖掘自身或周边可利用的资源和优势，提供更多周边附加值。目前比较热门的研学（自然、文化教育、知识科普）、康养（康养健身、中医疗养、禅修养生）在条件合适的民宿也可以开展。

二、民宿活动的组织

（一）人员安排

民宿体量不一，在员工岗位设置上各有不同。一些规模较大的民宿有着独立的营销人员、管家、财务人员、前台、保洁人员等细分岗位，但一些小型的民宿，会有一人负责所有工作的情况。一般而言，特色活动的设计由民宿主人或民宿管家负责，在组织和执行阶段则需要其他员工的通力配合。

民宿活动的特色和内容首先需要通过预订渠道进行展示和推广,在客人入住后,前台员工应热情询问客人的参与意向,并做好预约记录。客人在充分了解活动的主题、内容、时间、地点、参与人数、费用情况等具体事项后,自主选择参与的活动。前台将收集到的客人信息进行汇总,并由民宿管家统一组织客人参与活动。因此要加强员工的服务技能与应变能力的培训,使活动项目服务更加专业、灵活、富有人情味。

(二)前期准备

民宿活动的开展需要设计合理的活动内容、准备相应设施设备及规划时间,设计出最优服务流程和作业方法。可以是单一的活动,也可以是打包的活动组合。例如,为了陶冶情操、充实客人的假期,民宿可以安排陶器制作等室内活动,这种类型的活动对室内空间的大小、制作设备等要素没有很高的要求,适合小体量的民宿。同时,民宿也可以提供活动内容更为丰富的户外休闲组团活动,如野外采摘、登山、钓鱼等。

(三)安全管理

安全是活动项目经营密切相关的重大工作,直接影响活动项目经营活动能否正常进行。这就要求活动项目从业人员不仅要提高安全意识,而且要学习和掌握各种安全防护知识,并熟悉各种事故的安全措施和应急预案。应注意以下几点。

(1)活动举办前,组织者要制定周密的安全措施和应急预案。

(2)对活动参与者进行安全常识的指导性讲解。

(3)保证电器和机械设备安全状态良好。

(4)活动场所要有足够的安全通道和提示标志。同时,要保证通道畅通,提示标志易于识别。

(5)活动参与者要了解安全通道情况,熟悉紧急疏散路线。

(6)要控制进入活动场所人员的数量,做好安全疏导工作。

(7)户外活动要遵守纪律,遇到意外事件,切忌慌乱,要统一指挥。

【相关链接】

山谷市集:音乐、手作、野餐、电影……打包春天所有的浪漫与美好
——隐居乡里·秦岭生活节活动方案[①]

千万人因为李子柒,领悟到"回归山野"的可能性,千万人期盼她回归,实际期盼的是"山野"的回归。

春日迟迟,卉木萋萋。新的春天,也带来了焕新的山野。四月的秦岭山谷,丰沛的

---

① 资料来源:隐居乡里.山谷市集:音乐、手作、野餐、电影……打包春天所有的浪漫与美好——隐居乡里·秦岭生活节活动方案[EB/OL].(2022-03-01).https://www.nalada.com.cn/huodong/504.html

雨水浸润土地，沉沉的褐色山坡上转眼便铺满了红花绿意。在这春意盎然的山谷里，秦岭生活节首场"山谷市集"蓄势待发！它揽尽了秦岭之春的诗意浪漫、奇境野趣，等待所有向往自由、热爱山野的同频之人前来沉浸探索。

在秦岭生活节"山谷市集"，我们联合20+品牌，策划5大活动板块（山野美学家·自然创艺集·秦岭风物展·星野露营游·山中诗与歌）包含近30项在野体验，全方位地享受春日山野无边无际的美好、浪漫与热情。春光易逝，在还来得及之前，抓紧去"野"吧！

在"美好生活尽在春日山野"的横幅下，就是市集入口，我们设计了树叶签到的小小仪式感，代表大自然给你的赠礼，再接过NPC手中的体验任务卡，跟着推荐路线开始一整天的山野漫游之旅。

一、活动板块

1. 山野美学家

"山野自然 × 生活美学"是秦岭生活节的内在核心，自然而然地，我们策划了一系列的"山野美学"体验，通过"山野 × 花艺""山野 × 香氛""山野 × 瑜伽"的融合与碰撞，为你诠释大自然中蕴含的诗意美学，治愈沉寂的内心。

观自己，吸气，闭眼，双腿自然交叠，延展身体。把自己沉浸在山野的春风里，汲取自然的力量，积累内在光芒。

观花叶，你会看到山野中生长的条蔓和枝丫，缠绕出一场花与树的生命之诗，有着不可比拟的灿烂。

观春日，山花烂漫，萃取了春日草木的气息，也被我们搬到了市集，蕴含着蓬勃生命色彩，随时带你梦回山野。

2. 自然创艺集

这是市集里最具"创造力"的艺术集合站，囊括了秦岭7种最具创造力与艺术感的体验活动。我们推荐必体验的，是以秦岭非遗文化再造的艺术文创。历时3个月往返奔波于各个村落，寻访了3位非遗匠人，又经历轮番的研发，才终于推出了这套秦岭年礼。

还有许多"很山野"的手作，同样值得一试，尝试陶泥制器，把对自然的感知，融进陶器的肌理；体验古法蜂蜡，透过它了解1800年的传承。

或者体验拓染春色、木艺雕刻、手绘纸鸢、土法酵制果酒……大自然的造物，经由不同的匠人之手，将原本粗犷豪放的气质，变得或独具个性，或温和厚重。

3. 秦岭风物展

每个地方的风物，都在不经意中表达着独属当地的人文与生活。风物展汇集了当地人爱吃的东西、惯用的器物、曾经生活的剪影，处处呈现着秦岭山野文化的真实映象。

供销社里保存着的老物件，都收集自村落。旧式的放映机、木质的脚踏琴、年代感的收音机、转盘拨号的座机，这些物件或许功能上已经被淘汰，但无法被丢弃的原因，是它们代表的美好回忆。

乡土小卖店将会贩售秦岭的特产，山野人参、有机小米、四季山珍……都会在风物摊上一一展出，带给你无尽的秦岭风味。

4. 星野露营游

期待中的山野之旅，当然要有一次完美的春日野宴。爱好野餐的人，爱的是在山林间释放躁动的感觉，是沉浸在山野之美的自由惬意。

精致的风味餐点配上一杯初春的桃花酿，懒洋洋地躺在河边天幕下，或在树下的茶寮小憩。

午后的时光更适合在游戏区玩个投壶、套个春天，来一场秦岭探秘，留意树下、溪边，你会发现未知的"惊喜"。

然后等待夜幕降临，与星空举杯共饮，用一天的时间体会慢下来的生活。

5. 山中诗与歌

有诗、有歌、有酒，便是最好的夜晚。如果你喜欢静谧的山野之夜，不妨以夜读结束一天，与文川先生畅聊关于藏书票背后的故事；在留坝书房寻找秦岭的人文传记，或一本意外有趣的睡前读物。

如果想来一场有酒有歌的派对之夜，那就留在山谷中等待露天电影开场，而后沉醉于热烈的山野乐队，和朋友一起放肆歌唱，开怀大笑，人生还有什么能比这更快乐。世界很大，但小小山谷里就有快意人生。

二、合作伙伴

市集最美妙的体验，当然是穿梭于琳琅满目的品牌展位，秦岭生活节特邀有品、有料、有趣的 20+ 品牌机构，带来让你应接不暇、精彩纷呈的山野生活市集内容，每家都值得你深入挖掘。

三、活动时间、地点及安排

首场市集时间：

4月4日清明节 14：00—19：00

市集活动地点：

陕西省汉中市留坝县楼房沟

推荐体验安排：

14：00—14：30 树叶签到、打卡拍照、领取任务卡

14：30—15：30 自然创作活动体验

15：30—16：30 春日野宴下午茶

16：30—17：00 趣味山野、套圈、投壶、桌游

17：00—18：00 山野乐队、市集

18：00—19：00　露天电影、烟花秀

山谷市集门票，50个名额限量预约

费用：299元/人（可参与市集所有活动）

购买方式：扫描二维码进入小程序

【拓展知识】

发展"民宿+"新业态，让民宿不仅只是民宿[①]

民宿首先是作为住宿设施产生的，在当下城市快节奏与乡村慢生活的相互碰撞下，民宿逐渐成为一种理想中的田园美好生活的形式。在单纯的住宿功能之上，地方个性与特色赋予民宿多一层文化意味、乡土味与人情味，又塑造民宿平易近人的氛围。在此基础上，民宿释放出强大的包容性与活跃性特质，能更快更好地吸纳融合新事物。通过民宿与不同行业的合作，发掘民宿在住宿服务以外的多种发展业态，增加民宿的内涵和经营支撑，有助于解决民宿进入经营瓶颈期的困境。

"民宿+文化"——让民宿成为文化的传播地

将民宿打造成文化的传播平台，文化的传播又能反作用于民宿的底蕴孕育。以民宿为据点，保育当地特色传统文化，选择性引入外来文化，发展多元的文化产业。

"民宿+体育"——让民宿成为体育的发展地

之于以"静"为主调的民宿，更具动感的运动项目可以弥补它在动态上的欠缺。同时，伴随着体育事业的发展，不仅可以为民宿带来吃和住之外的游玩、装备等消费，甚至可能发展成规模化的运动基地，为发展体育产业贡献力量。

打造"民宿+"，推进产业结构优化升级，进一步探索乡村旅游创新业态。

【本章小结】

民宿产品是民宿的核心竞争力，是民宿持续健康发展的基础。从民宿最初的概念（B&B）来看，仅包含住宿和早餐；而现在的民宿之所以能成为旅游吸引物，还在于它给客人带来不同于酒店的入住体验，一般体现在产品和服务上。因此我们将民宿产品分为基础产品、特色产品、配套产品三个板块，来丰富民宿的产品概念。民宿既具有住宿产品的共性，即有形产品与无形服务的结合、不可储存性、生产与消费的同步性、季节性；同时又具有自己的个性，即依附性、地方性、交互性、家居性。

民宿的产品开发过程中可以围绕基础产品、特色产品、配套产品三个方面展开，在

---

① 资料来源：潇湘晨报.发展"民宿+"新业态，让民宿不仅只是民宿［EB/OL］.（2021-11-22）.https://baijiahao.baidu.com/s?id=1717132239624308748&wfr=spider&for=pc

做好基础产品即住宿、早餐的基础上,结合民宿主人爱好、特长,以及当地的地域文化特色设计适宜的特色餐食产品、休闲体验产品、特色纪念品、土特产、旅游产品等。

民宿活动可以是单一的,也可以是组合打包的,它是吸引延长客人停留时间的重要手段。民宿需要做好活动的前期策划、人员安排及安全管理,确保活动顺利开展,并赢得好的口碑。

【思考与练习】

1. 问答题

(1)民宿产品的构成包括哪三个板块?

(2)民宿产品结构定位需要考虑什么因素?

2. 调研当地 1~2 家民宿,分析其产品结构,并为其设计 1~2 款特色产品、副业产品及旅游产品。

3. 结合你的家乡风土文化,制作一份适合当地民宿的组合活动方案策划书。

模块六　民宿的接待

【案例导入】

为客人提供满意加惊喜服务

某民宿前台人员根据客人预订的信息了解到，两个年轻人准备结婚，来民宿要拍婚纱照。于是提前将客房作了精心布置，用新鲜的玫瑰花在床上摆了一个心形图案，地面上则是用蜡烛摆了一个心形图案。客人一进房间，看见精美的布置，喜出望外，十分感动。

图 6-1　别具特色的民宿

另一家民宿管家在微信朋友圈看到入住客人发表的一条说说："带的相机坏了，我们毕业旅行的照片只能用手机凑合拍了。"后面发了一个大哭的表情。管家第二天特意安排民宿中精通拍摄的员工，给两个客人免费拍了一组毕业旅行照片，让客人特别满意，赢得了客人的好评。

这两个案例的共同点是事事处处为客人着想，急客人之所急，为客人提供满意加惊喜的服务，感动了客人。

思考：在日常的民宿接待服务中，我们如何提供让客人感动的服务？

 **学习目标**

- 掌握民宿前台接待服务的程序和标准
- 掌握民宿客房服务的程序和标准
- 掌握民宿餐食服务的程序和标准
- 能提供民宿前台接待、客房、餐食等服务
- 能根据客人需要提供个性化服务

【学习任务导图】

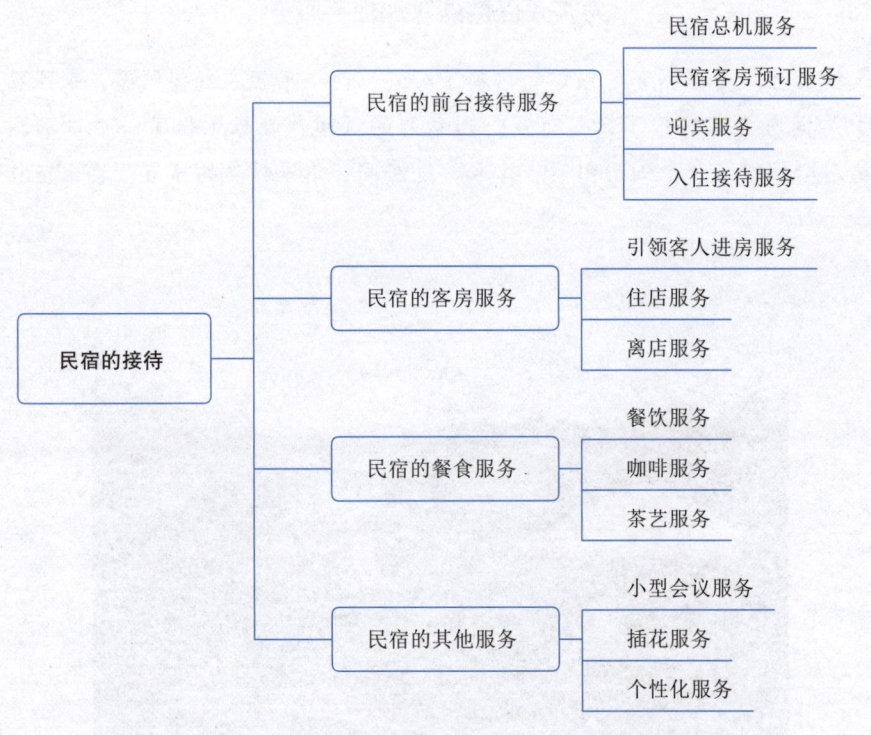

项目一 民宿的前台接待服务

 **知识内容**

民宿对客服务是指服务人员面对面地为客人提供各种服务，满足客人提出的各类符合情理的要求。只有充分掌握各项对客服务工作的程序和标准，才能更好地输送服务，提高客人的满意度。

民宿的前台接待服务包括总机服务、客房预订服务、迎宾服务、入住接待服务。

一、民宿总机服务

电话是对客服务的桥梁,民宿总机的服务质量直接影响客人对民宿的印象。总机服务在对客服务及民宿经营管理过程中发挥着非常重要和不可替代的作用。民宿一般不专门设置总机,通常是前台接待员兼任。

(一)接听电话服务

电话礼仪

表 6-1　接听电话服务程序

步骤	标准
1. 及时接听	前厅服务人员听到电话铃声,要立即接电话,铃声不应超过三声。这样才能体现民宿的工作效率。
2. 问好并自报家门	接听电话要求用普通话。通话时,听筒一头应放在耳朵上,话筒一头置于唇下约五厘米处,中途若需与他人交谈,就用另一手捂住话筒。简单问候,迅速报出民宿名称。
3. 认真接听	电话接线要迅速准确。接听电话时要精力集中,如两部电话同时铃响,先接其中一个,向对方致歉,请其稍等一下,再迅速接另一个电话。
4. 使用礼貌用语	接打电话时要注意使用礼貌用语,任何时候,不能使用"喂""不知道""什么""不在""我很忙"等语句或者随便挂断电话。热情、修辞恰当的语句是电话回答成功的一半,因而不要用非正规、非专业化及不礼貌的词语。
5. 做好记录	若是重要的事,应做记录。记录时要重复对方的话,以检验是否无误。电话接听完毕之前,不要忘记复述一遍来电的要点,防止记录错误或者偏差带来的误会。
6. 结束通话	结束通话时要等对方先挂断,然后自己再轻轻放下话筒,任何时候不得用力掷听筒。

(二)叫醒服务

叫醒服务规程

表 6-2　叫醒服务程序

步骤	标准
1. 接受叫醒	(1)问清宾客房号、姓名及叫醒时间; (2)复述并确认宾客的叫醒要求; (3)填写叫醒记录表。
2. 使用定时钟	在定时钟上定时。
3. 叫醒宾客	(1)定时钟响后,用电话叫醒宾客:"××先生,早上好,叫醒您的时间到了,祝您一天愉快。" (2)若无人应答,隔3分钟再叫一次; (3)若再次无人应答时,应到客人的房间,查明原因,采取措施。
4. 注销	在叫醒记录表上登记注销。

二、民宿客房预订服务

民宿的客房预订是指在客人抵店前对民宿客房的预告订约。民宿的收入靠的是成功地出租客房,让宾客使用民宿的其他设施,预订服务可以开拓市场、稳定提高客房出租率、掌握客源动态、预测民宿未来业务。

(一)客房预订服务

预订接待服务规程

表6-3 客房预订程序

步骤	标准
1. 了解宾客需要	仔细阅读网络信息,了解宾客需要及客人情况:预订人及宾客姓名、联系电话,到店及离店时间,要求的房间类型及间数,房间价格及附加服务。
2. 查看房态	检查房间状况。
3. 接受预订	民宿预订确认书里要有说明民宿保证预订和预订未到的收费规定。
4. 复述核对订房	将下载的订房信息输入计算机,确保计算机中有预订信息,信息输入准确。
5. 发出定单	回复确认,发出定单。
6. 留存资料	按照预订的到店日期存放在资料夹中以便查找订房资料。

图6-2 民宿接待前台

（二）入住准备服务

表 6-4　入住准备服务程序

步骤	标准
1. 主动联系	确认客人订单后，第一时间找到客人联系方式，添加客人微信。
2. 搜集客人资料	（1）告知客人已经预订成功。 （2）询问客人出行有关信息：①乘坐的交通工具；②到达时间。 （3）出行目的：旅游、商务或是度假等。 （4）同行情况：是否有孩童或者老人。 （5）饮食方面有哪些禁忌。 （6）有没有行程安排。
3. 告知客人相关信息	给客人发送民宿地图信息及乘车信息。如果客人自驾游，需告知客人行车路线。

三、迎宾服务

迎宾服务是直接为民宿客人提供迎客和送客，并且提供运送行李的相关服务，是民宿的门面。客人抵店时的迎接服务工作，时间不长，影响却很大，往往会给客人留下深刻的印象，民宿需提供热情礼貌、主动周到的服务。

让客人轻松抵达民宿入住是一切接待的基础，客人到达的是一个陌生的地方，提前和客人沟通清晰简单的入住程序非常重要。民宿管家需要尽可能细致地接待第一次来访的客人，帮助客人了解当地及客房的安全使用事项。

表 6-5　迎宾服务程序

步骤	标准
1. 联系宾客	（1）使用电话、短信、微信等快捷联系方式与客人在第一时间取得联系。 （2）发送目的地地图定位，目的地楼体外观图片及附近地标建筑物图片，给出详细的到店指引。 （3）了解客人到店时间。
2. 迎接	（1）站立在路口或者停车场。 （2）随时准备迎接客人的到来。
3. 迎候	主动问候客人、自我介绍，视情况询问客人是否需要帮助提拿行李。
4. 引领客人到民宿前台	（1）在客人左前方或右前方约一米处引领客人，途中介绍民宿情况、当地风土人情，回答客人的问题。 （2）引领客人到前台办理登记入住手续。

四、入住接待服务

民宿的入住接待是民宿工作的核心内容。服务的好坏直接影响客人的感知度。

入住接待服务规程

表 6-6　入住登记服务程序

步骤	标准
1. 问候客人	（1）热情友好地问候客人，向客人表示欢迎，主动为客人提供帮助。 （2）主动确认客人姓名并称呼客人。
2. 办理入住要求	（1）办理入住手续时和客人确认房费与房型。 （2）在最短时间内为客人办理完入住手续。
3. 准备钥匙	（1）为客人准备钥匙、钥匙包："这是您的钥匙，您的房号是××。" （2）介绍用早餐的时间与地点。
4. 信息储存	（1）接待客人完毕后，立即将所有有关信息输入电脑，包括客人姓名的正确拼写、地址、付款方式、国籍、护照号码、离店日期等。 （2）检查信息的正确性。 （3）登记单存档，以便随时查询。

图 6-3　民宿的客房

【相关链接】

民宿入住登记人脸识别设备

一些民宿采用入住登记人脸识别设备,设备集人脸识别、二代证读卡、OCR、指纹采集等多功能于一体。民宿入住登记人脸识别设备可读取居民身份证芯片中的身份信息,现场自动抓拍采集人脸照片、指纹图像,快速验证人证是否一致,全程自动化,无须增加外围硬件配置,操作过程无须人工干预。

在有网络环境下,验证人的身份信息和验证结果可以实时同步到服务器或推送到管理人员的客户端。民宿入住登记人脸识别设备采用人体工程学设计,确保了设备的安全性、可靠性,更为身份验证的准确率提供保障。

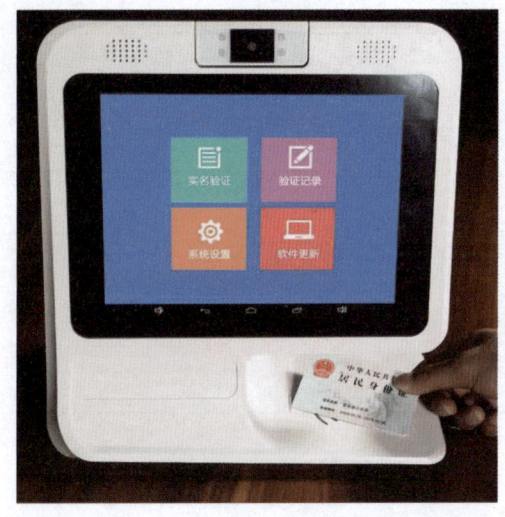

图 6-4 入住登记人脸识别设备外观

项目二　民宿的客房服务

 知识内容

客人住店期间,不仅要求客房清洁、舒适,还要求提供相应的服务,客房服务是民宿服务的重要组成部分。

一、引领客人进房服务

表 6-7　引领客人进房程序

步骤	标准
1. 引领客人进房	（1）在客人左前方或右前方约 1 米处引领客人，途中介绍民宿情况，回答客人的问题。 （2）到房门口后，告知客人这就是他的房间，用客人的钥匙将门打开。 （3）打开房门后，退到门边，请客人先进房间。
2. 介绍房内设备设施	（1）视情况向客人简单介绍客房（如客人比较疲劳或熟悉客房设施设备，则不需介绍）。 （2）告诉客人联系方式，以便有事联系。 （3）祝客人住得愉快，面向客人退出房间，关上房门。
3. 作记录	在《管家服务日报表》做好记录。

表 6-8　管家服务日报表

日期：＿＿＿＿＿＿　　管家姓名：＿＿＿＿＿＿

项目	内容	管家签名
迎送宾客		
客房服务		
宾客拜访		
投诉处理		
其他工作		

二、住店服务

（一）开夜床服务

为了让客人有一个舒适的睡眠环境，一些高档的民宿为客人提供开夜床服务。夜床服务主要包括三项工作：房间整理、开夜床、卫生间整理。

表6-9 开夜床服务程序

步骤	标准
1. 进入客房	（1）按进房程序进入客房。 （2）如客房有"请勿打扰"标志，不能进房。
2. 开灯	逐一打开房灯，检查是否正常。
3. 拉窗帘	拉上厚薄两层窗帘。
4. 开夜床	（1）双床间住一位客人，一般开临近卫生间的那张床，折角开靠床头柜一侧；住两人则各自开靠床头柜的一侧。 （2）大床间住一位客人，开有床头柜一侧；住两人则开两侧。
5. 放置晚安卡等物品	将晚安卡、遥控器、拖鞋放在规定的位置。
6. 打开电视	检查电视频道设定是否正确、音像是否清晰，并将其调至规定的频道。
7. 收集烟缸及杯具	（1）将脏烟缸放入卫生间备洗。 （2）杯具最好采用更换的方式。
8. 收集垃圾	（1）收集房内垃圾，将垃圾倒入大垃圾袋内。 （2）清洁垃圾桶，更换垃圾袋。
9. 整理客房	整理客房内零乱的物品，使之归位。
10. 补充用品	（1）补充房间客用消耗品。 （2）如有加床，需按规定添加客用物品。
11. 整理卫生间	（1）清洗烟缸等用过的器皿，擦干后归位。 （2）清洁客人用过的卫生洁具。 （3）将防滑垫平铺在淋浴间地面上。 （4）如果是浴缸则将浴帘拉开三分之二，浴帘底部放入浴缸内；将地巾展开，平铺在紧靠浴缸的地面上。 （5）补充卫生间消耗品。
12. 自我检查	检查是否有遗漏之处。
13. 关灯离房	（1）客人不在房间，关灯（保留床头灯），关门离房。 （2）客人在房间，则需礼貌地向客人道晚安后退出房间。
14. 填写报表	按要求填写《管家服务日报表》（见表6-8）。

（二）加床服务

加床服务是民宿提供的服务项目之一，通常分加成人床与婴儿床。

表 6-10　加床服务程序

步骤	标准
1. 做好记录	接到加床服务的通知后，服务员立即在工作单上做好记录。
2. 准备物品	将添加的物品送至客房： （1）如客人在房内，主动询问客人，按客人要求摆放好加床。 （2）如客人无特别要求，将加床放在规定的位置。
3. 铺床	按铺床程序铺好床。
4. 添补用品	按要求添补杯具、茶叶及卫生间客用消耗品。
5. 关门离房	将门轻轻关上。
6. 填写报表	按要求在工作单上做好记录。

表 6-11　婴儿床服务程序

步骤	标准
1. 做好记录	接到有关提供婴儿床服务的通知后，应立即做好记录。
2. 加放婴儿床	（1）将婴儿床放在房间适当的位置。 （2）按要求铺床。
3. 补充客用品	提供婴儿床服务的客房应增加以下客用品： 儿童香皂 1 块；沐浴液 1 瓶；小方巾 1 条；脸巾 1 条；儿童牙具 1 套；儿童拖鞋 1 双。
4. 填写报表	按要求在工作单上做好记录。

（三）租借物品服务

除提供给客人最基本的住宿条件以外，民宿还需购置一定数量的常用物品以满足客人的需求，可供客人租借的物品通常有充电器、旅游洁具包、台灯、婴儿洗澡盆、防过敏枕头、接线板等。

表 6-12　租借物品服务程序

步骤	标准
1. 做好记录	问清客人要求租借的用品，在《管家服务日报表》上注明物品名称、编号和租借时间。
2. 将物品送进客房	（1）将客人需要的物品送至客人房间。 （2）根据情况向客人演示物品的使用方法。
3. 收回被借物品	客人退房时，及时收回租借物品。
4. 清洁、消毒租借物品	将租借物品清洁、消毒后，放回原处。

三、离店服务

客人离店是客人在民宿的最后环节,员工应重视并做好结账、送客等相关服务工作,给客人留下良好的印象。

(一)结账服务

表6-13 结账服务程序

离店结账服务规程

步骤	标准
1.接到宾客离店结账信息	主动问候,核对退房宾客姓名、房号,并回收钥匙。
2.取出账单	(1)同行宾客结账,将一起结账的房间转入同一房间或同一账号,点击总账打印账单并检查同行房号,以免漏结。 (2)取出宾客账单。 (3)询问宾客结账方式。
3.结账服务	(1)宾客核对账单无误后,在电脑中给宾客做结账。 (2)如是现金结账,现金入账后将找零递交宾客。 (3)如是信用卡结账,则按程序刷卡入账。 (4)如是微信、支付宝结账,则在手机上确认钱款是否到账。
4.呈递发票	(1)开具并呈递发票给宾客。 (2)结账手续办理完毕,向宾客致谢,欢迎宾客的再次光临!
5.其他工作	(1)可以送给客人一瓶矿泉水或者其他的小礼品。 (2)适时发短信问客人是否安全到达。

(二)走客房检查

客人离店退房时仔细检查,发现问题需及时报告。

表6-14 走客房检查程序

步骤	标准
1.接到宾客离店结账信息	(1)迅速进房,仔细检查。 (2)特别留意枕头底下、床底、抽屉、淋浴间的置物架等处。
2.报告查房情况	(1)如有遗留物品,立即报总台送还客人。来不及送还的,交总台登记处理。 (2)同时,还应检查客房设备和用品有无损坏或丢失,如有应及时通知总台。

（三）客人遗留物品处理程序

遗留物品处理规程

表 6–15　客人遗留物品处理程序

步骤	标准
1. 登记	收到客人遗留物品时，管家应记录在《客人遗留物品登记表》（见表 6-16）上，写明拾获日期、地点、物品名称、拾获者姓名。
2. 分类	遗留物品可分两类： （1）贵重物品：珠宝、信用卡、支票、现金、相机、手表、商务资料、身份证、回乡证、护照等。 （2）非贵重物品：眼镜、毛巾等日常用品等。
3. 保管	（1）所有遗留物品都必须保存在失物储藏柜。 （2）贵重物品与非贵重物品分开存放，贵重物品应有专人管理。
4. 认领	（1）如有失主认领遗留物品，需验明其证件，且由领取人在遗留物品登记本上签名；领取贵重物品需留有领取人身份证件的影印件，由管家现场监督、签字，以备查核。 （2）若客人打电话来寻找遗留物品，需问清情况并积极查询。若遗留物品与客人所述相符，则要问清客人领取的方式。

表 6–16　客人遗留物品登记表

日期	时间	地点	拾得物品名称及数量	拾交人	编号	保管人	领取日期	领取人	经手人	备注

（四）送客服务

送客服务是客房服务全过程的最后一个环节，此项工作做得好，能给来宾留下良好的印象，使客人高兴而来，满意而归。

模块六 民宿的接待

表 6-17 送客服务程序

步骤	标准
1. 准备工作	（1）掌握客人离店准确时间。 （2）主动询问客人离店前还需要办理的事项，如是否需要用餐、帮助整理行李等。 （3）征求客人入住的意见建议，提醒客人检查自己的行李物品。
2. 送别客人	（1）协助客人搬运行李。 （2）主动热情地将客人送到客栈门口，以敬语向客人告别。

项目三 民宿的餐食服务

 知识内容

民以食为天，餐食服务是民宿住宿服务的一项重要工作。通常民宿提供早餐服务、茶水服务，一些民宿还提供咖啡、水果现榨等服务。

一、餐饮服务

多数民宿提供早餐服务，早餐可分两种方式提供：自助早餐和套餐。

（一）自助早餐服务

表 6-18 准备工作

早餐服务规程

步骤	标准
1. 了解情况	了解当天早餐预计人数。
2. 开餐厅门	（1）开餐厅空调。 （2）开空调应关闭所有窗户及窗纱。
3. 检查早餐台卫生，准备餐具	（1）仔细检查早餐台卫生。 （2）准备充足的各式餐具。
4. 预热	（1）布菲炉添加酒精，点火预热。 （2）打开粥桶、恒温炉、热水器、蒸笼等设备的电源预热。
5. 调配各式冷热饮	（1）根据标准比例调配出品各式冷热饮，包括橙汁、柠檬水、红茶、咖啡、豆浆等。 （2）豆浆和咖啡旁各准备糖盅、不锈钢勺、搅拌棒等配套用品。
6. 出品	（1）冷菜出品摆放时注意荤素、颜色、口味搭配。 （2）糕点出品摆盘要注意干净美观，糕点不可超出盘边，盘内无面包屑。 （3）出品布菲炉内热菜，冬天应注意保温。 （4）出品白粥及其他粥类，应保持粥桶外围干净。所有菜品配备相应的餐夹、公勺。
7. 再次检查	再次检查自身仪容仪表和早餐准备工作。

119

表 6-19　自助早餐服务

步骤	标准
1. 欢迎客人	客人到餐厅时，员工亲切、友善地问候客人，使用礼貌用语："早上好，欢迎光临！"
2. 提供服务	（1）客人开始取自助餐时，打开所有保温炉盖，主动指引客人拿取餐碟。 （2）巡视餐台，随时注意所有菜肴剩余分量。 （3）如客人告知需打包时，应帮忙拿取一次性餐具。
3. 送别客人	（1）客人离开餐厅时，热情礼貌送客，眼光平视客人，使用礼貌用语："请慢走，欢迎下次光临！" （2）提醒客人带好随身物品及行李。
4. 结束工作	（1）收回所有餐台上使用的餐夹及密封各类调料酱汁。 （2）回收菜品。将所有菜品回收到厨房，厨房人员负责处理回收菜品。 （3）清洁餐厅卫生。关闭灯光、空调、电视等。 （4）将门口早餐指示牌收回餐厅。

自助餐台服务注意事项：

①应特别注意餐台卫生。

②冷菜盘边缘应保持干净，使用口布擦拭溢出汤汁，餐台上不可有残留菜物。

③随时归位被客人混用的自助餐夹，脏的餐夹应及时更换。

④添菜时间不得超过 2 分钟，空位应摆放正在添菜提示牌。

⑤餐中应随时关注酒精燃烧情况，及时添加酒精保证炉温。

⑥餐台上发现有破损、污渍餐具应立刻撤走。

⑦发现菜品有问题应立即撤走并报备管家处理。

⑧任何情况下不得使餐台上餐具空缺。

（二）早餐套餐服务

套餐指一整套的饭、菜组合。套餐的种类很多，在套餐中，民宿根据预期的目标来组合不同规格的产品打包销售来满足要求，消费者可按个人的消费标准或口味喜好来选择适合自己的组合套餐品种。民宿因体量小，住客数量不多，尤其是旅游淡季，早餐用餐人数少，采用自助餐方式不容易操作。所以不少民宿采用套餐的方式为客人提供早餐服务。

（1）制定早餐提供的种类。

民宿早餐提供的种类要灵活多变，在保证食物质量的前提下，根据季节及食物价格，灵活更新早餐提供的种类。

（2）量化食物。

做到某些食物提供量与客人数量对应。如为每位客人提供一杯牛奶或两个鸡蛋。在准备时候，也可以稍微多备一些，防止出现客人不够吃的情况。

（3）在餐桌上张贴"节约食物"等宣传标语，提醒客人不要浪费。

图 6-5 民宿的自助餐厅

（4）根据每天客人剩余食物量做数据统计分析，选择更换食物种类及数量。如规定每天每人两个鸡蛋，几个月的数据表明，80% 的客人只吃了一个鸡蛋，那么接下来就可以减少鸡蛋的供应量了。

图 6-6 民宿的餐厅

下面提供某民宿餐饮服务的菜单设置供学习参考。

1. 早餐套餐

套餐 A：蓝莓＋脱脂奶＋鸡蛋＋玉米＋西蓝花

套餐 B：酱肉包＋鸡蛋蔬菜饼＋红枣枸杞汤

套餐 C：过桥米线、特色小吃

2. 商务午餐套餐

套餐 A：海稍鱼套饭

套餐 B：铜锅饭

3. 当地特色晚餐菜品

火烧猪肉、永平黄焖鸡、泥鳅钻豆腐、土八碗等

二、咖啡服务

（一）咖啡知识

"咖啡"一词源自希腊语"Kaweh"，意思是"力量与热情"。在世界各地，人们越来越爱喝咖啡。随之而来的"咖啡文化"充满生活的每个时刻。无论在家里还是在办公室或是各种社交场合，人们都在品着咖啡，它逐渐与时尚、现代生活联系在一起。

咖啡是用经过烘焙的咖啡豆配合不同器具用适当方法制作出来的饮料，与可可、茶同为流行于世界的主要饮品。一杯标准的咖啡品尝起来不应该是苦涩的，一名合格的咖啡师在制作咖啡时会严谨地进行每一步操作，最后为客人呈上的咖啡在味觉上会呈现出不同程度的甜度、酸度，并保证尽量高的醇厚度、干净度。很多民宿也提供咖啡服务。

（二）常见咖啡制作方法

表 6-20 常见咖啡制作方法

序号	名称	用料	制作方法	用具
1	单品热咖啡	1. 咖啡豆 20 克 2. 奶精球 1 粒 3. 咖啡糖包 1 包	1. 将水煮沸后，降至 95 摄氏度，放入咖啡粉煮 50 秒，搅拌 2 次。	咖啡杯
2	单品冰咖啡	1. 咖啡豆 30 克 2. 奶精粉 20 克 3. 糖水 30 毫升 4. 冰块适量	1. 将水煮沸后，降至 95 摄氏度，放入咖啡粉。 2. 煮 50 秒，搅拌 2 次，加入奶精粉，放入雪克壶。 3. 解冻加入 4 粒冰块轻摇匀出品。	凤腰杯
3	热卡布奇诺咖啡	1. 意大利咖啡豆 20 克 2. 纯牛奶 100 毫升 3. 肉桂粉适量	1. 在杯中加入少量咖啡后，将鲜奶打发成奶泡。 2. 倒入杯中，最后撒上肉桂粉。	卡布奇诺杯
4	冰卡布奇诺咖啡	1. 意大利咖啡豆 20 克 2. 纯牛奶 100 毫升 3. 糖水 15 毫升	1. 把牛奶、糖水、冰块放入搅拌机内打 5 下。 2. 倒入杯内，倒 60 毫升的咖啡，再放冰块。	凤腰杯

续表

序号	名称	用料	制作方法	用具
5	热拿铁咖啡	1. 意大利咖啡豆 20 克 2. 纯牛奶 200 毫升	1. 在马克杯中加入咖啡。 2. 将鲜奶打发，将奶泡放入杯中。	马克杯
6	冰拿铁咖啡	1. 意大利咖啡豆 20 克 2. 纯牛奶 240 毫升 3. 糖水 20 毫升	1. 把咖啡与鲜奶倒至 6 分满后加糖水。 2. 放入冰块即可，注意奶多咖啡少。	凤腰杯
7	香草冰激凌咖啡	1. 意大利咖啡豆 20 克 2. 香草冰激凌球 1 个 3. 奶精粉 20 克 4. 糖水 30 毫升 5. 香草粉 5 克	1. 用意式咖啡机压咖啡 60 毫升。 2. 把奶精、糖水、香草加入雪克杯搅匀。 3. 加冰摇动，倒入杯中八分满。 4. 放冰激凌出品。	凤腰杯

图 6-7　民宿喝咖啡的露台

三、茶艺服务

不少民宿都会设计一个茶室，为客人提供一个品茶、饮茶、交流之处，让客人的身心得到放松。

（一）茶叶知识

1. 中国六大茶类

中国六大茶类指的是红茶、绿茶、乌龙茶（青茶）、黄茶、黑茶、白茶六大类。

（1）红茶：红茶是一种全发酵茶（发酵程度大于80%），香气物质比鲜叶明显增加，具有红汤、红叶和香甜味醇的特征。名贵品种有：祁红、滇红、英红。

（2）绿茶：绿茶是不经过发酵的茶，即将鲜叶经过摊晾后直接下到一二百摄氏度的热锅里炒制，以保持其绿色的特点。绿茶的名贵品种有：龙井、碧螺春、黄山毛峰、庐山云雾等。

（3）乌龙茶：乌龙茶也就是青茶，是一类介于红绿茶之间的半发酵茶。乌龙茶在六大类茶中工艺最复杂费时，泡法也最讲究，所以喝乌龙茶也被人称为喝"工夫茶"。名贵品种有：武夷岩茶、铁观音、凤凰单丛、台湾乌龙茶。

（4）黄茶：黄茶是中国特产，著名的君山银针茶就属于黄茶。黄茶的制法有点像绿茶，不过中间需要闷黄三天。

（5）黑茶：黑茶因成品茶的外观呈黑色，故得名，属后发酵茶，主产区为四川、云南、湖北、湖南、陕西、安徽等地。传统黑茶采用的黑毛茶原料成熟度较高，是压制紧压茶的主要原料。

（6）白茶：白茶属微发酵，是中国茶农创制的传统名茶。茶叶采摘后，不经杀青或揉捻，只经过晒或文火干燥。具有外形芽毫完整，满身披毫，毫香清鲜，汤色黄绿清澈，滋味清淡回甘等品质特点。名贵品种有白毫银针、白牡丹茶。

六大茶类冲泡用的茶具各不相同，如绿茶用玻璃杯或盖碗冲泡，也可用茶壶冲泡；红茶用白瓷杯或茶壶冲泡；乌龙茶和普洱茶用紫砂壶或瓷质小盖碗冲泡；白茶、花茶用盖碗冲泡。

2. 中国十大名茶

中国传统十大名茶有西湖龙井、洞庭碧螺春、黄山毛峰、六安瓜片、祁门红茶、都匀毛尖、君山神针、武夷岩茶、安溪铁观音以及信阳毛尖。但是每年均会进行中国十大名茶评比，因此会有一些变化。

3. 茶叶的贮存、保管

根据茶叶的特性，茶叶应贮存在干燥、密闭、隔热、避光的条件下。一般温度为15℃左右，不宜超过30℃。湿度在70%左右，不宜超过80%。需要控制异味污染，具体可采用瓦坛、铁罐、塑料袋等方法进行贮存。

（二）茶叶的冲泡

1. 泡茶水温

泡茶水温主要由泡饮什么茶而定。高级绿茶，特别是各种芽叶细嫩的名茶，不能用100℃的沸水冲泡，一般以80℃左右为宜。茶叶越嫩、越绿，冲泡水温越要低，这样泡出的茶汤一定嫩绿明亮，滋味鲜爽，茶叶维生素C也较少破坏。

高档绿茶：85℃左右

一般红绿茶：95℃

花茶：85~95 ℃

乌龙茶：>95℃

黄茶：80~85℃

白茶：90℃

黑茶：100℃

2. 盖碗泡茶法

（1）赏茶。盖碗泡茶的第一步就是赏茶，取出少量茶叶放在茶荷上，观察茶叶的形态和色泽，同时轻轻嗅闻茶叶的清香味。

（2）温杯。进行盖碗泡茶前，需要用烧好沸水冲洗茶碗，主要目的是清洗茶具，同时提高盖碗内部的温度，有利于冲泡茶水时保留茶汤原本的味道，不影响整体的香气和滋味。

（3）投茶。根据盖碗的容量放入合适的茶叶，就以容量110毫升的标准茶碗为例，冲泡红茶和白茶只需要投放5克茶叶即可，若是选择岩茶则需要8克茶叶，合适的比例才能最好地体现茶汤风味。

（4）注水。茶叶投入盖碗后就需要进行注水，将沸水采用绕圈的方式注入茶碗中，保证每一片茶叶都能被充分地滋润，注水时的高度以盖碗的盖子不会浸水为原则。盖上盖子等待10~15秒即可出汤，秉持宁快不慢的原则，避免时间过长茶汤滋味变得苦涩。

（5）倒茶。此时盖碗被当作茶壶使用，把杯盖倾斜盖住，露出能够出水的小口即可，把茶汤完全倒入公道杯中，一定要完全沥干盖碗中的茶汤。

（6）分茶。茶汤完全倒入公道杯后，手持公道杯把茶汤均匀倒入小茶杯中，保证每一个茶杯七分满即可。

（7）奉茶。自由取饮，或由专人奉上。

（8）去渣。用茶匙将壶中茶渣清出，以备后用。

客人离开后，洗杯，洗壶以备下次用。

3. 泡茶敬茶礼仪

我国是茶叶大国，"以茶待客"是自古流传下来的习惯，也是一种待客礼仪。民宿员工应知晓基本的茶礼，更好地为客人服务。

（1）切忌以旧茶待客。无论是隔夜茶，还是之前泡好的茶，用这些来待客都会让客人觉得自己是不受欢迎的，被敷衍的。

（2）不可用手抓取茶叶。用手抓取茶叶是不合礼仪的。从品茶角度而言，用手抓取茶叶会失去一定的文化韵味。从卫生角度来说，用手抓取茶叶会导致更多的外界尘埃粘附在茶叶上，破坏其味道。从礼仪角度来说，下手抓茶叶会使热爱喝茶的客人对你失去好感。因此，建议使用专用的木勺或者茶勺。

（3）斟茶的时候，不能斟太满。因为茶是热的，斟满了，茶杯会很热，容易烫到客人的手，给客人造成不便。应倒七分满的茶水，端给客人喝。给客人斟茶的时候，要做到先尊老后卑幼，然后对客人说声"请喝茶"。

敬茶时要讲究先客后主，先给客人敬茶，然后才给自家的家人敬茶。

（4）冲茶的时候，第一次冲的茶是用来洗茶叶的，必须倒掉不能喝。因为茶叶在制作的过程中经过不少手，怕茶叶脏，必须先冲洗过一次之后，才能请客人喝。

（5）在待客过程中，需注意给客人续茶，客人的茶杯空了，及时给客人的茶杯中续上茶水。

图6-8　民宿喝茶的地方

项目四　民宿的其他服务

知识内容

一、小型会议服务

部分民宿配有小型会议室，提供会议设备设施，方便客人使用。

（一）小型会议室的布置

1. 会议类型

小型会议室主要是供商务洽谈、会谈、小组讨论、小型研讨会等使用，根据场地的大小、会议要求和与会人数，可将会议室布置成 O 形或椭圆形、U 形、长方形、T 形等。

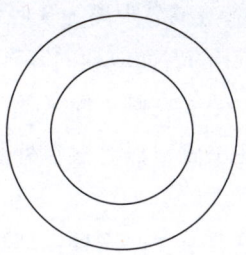

图 6-9　O 形会议桌

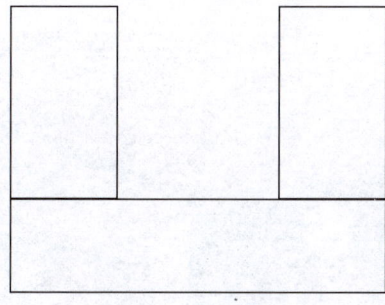

图 6-10　U 形会议桌

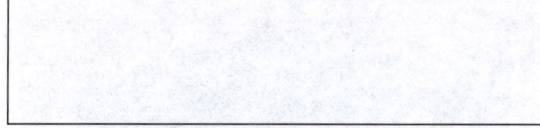

图 6-11　长方形会议桌

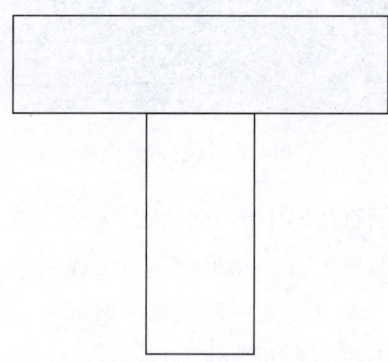

图 6-12　T 形会议桌

2. 会议台面布置

会议室需根据会议要求、性质及类型来布置台面，下面介绍普通会议的台面布置。

（1）便笺。便笺整齐，无破损，保证用量；摆放与客人座椅中心线对齐，间距一致；会议桌面超过55厘米时，便笺底部与桌沿距离为3厘米；会议桌面没有超过55厘米时，便笺底部与桌沿距离为1厘米；文字的看面应朝向客人。

（2）铅笔或签字笔。将笔摆在便笺右侧1厘米处，笔的尾端与便笺的尾端齐平；如有红、黑两种颜色的笔，红笔摆在里侧，黑笔摆在外侧；摆放整齐划一，笔尖朝上，笔上的字面朝向客人。

（3）杯垫。将杯垫摆放在便笺右上3厘米处；杯垫正面朝上，花纹或店徽要摆正。

（4）杯具。服务员应当先洗手消毒；检查杯子有无破损、污迹；将杯子摆放在杯垫中心部位，杯把向右与桌沿成70度角；杯盖图案与杯子图案对正，图案朝向客人。

图6-13　民宿的会议室

（5）席卡。席卡两个看面都应写上客人姓名，字迹清晰，书写规范，客人姓名准确无误；席卡摆放在便笺中心的正上方，间距相等，摆放端正。

（6）花插。鲜花无脱瓣、无虫、无不良气味；根据台形确定花插的摆放位置，花形视觉效果美观，花插高度以不遮挡客人视线为宜。

（二）会议服务礼仪

掌握基本的会议服务礼仪，是民宿提供优质会议服务的基础。

1. 准备工作

会议开始前 30 分钟，服务员应在会场内做准备工作，如叠香巾、泡茶水。管家注意检查会场清洁卫生、会议设备用品、绿化布置等情况，确保会场整洁、设备良好、用品齐全，保证会议按时进行。

2. 迎客服务

（1）会议即将开始时，服务员站在会议室外，客人到来，有礼貌地向宾客点头致意，使用"早上（上午、下午、晚上）好"或"欢迎光临"等文明用语。同时对已入座的客人，及时递上茶水、湿巾，茶水量一般控制在七分满。

（2）如会议桌上有会议用的设备设施，应主动介绍，协助接驳和调试，避免使用中出现问题而影响会议顺利进行。

3. 会中服务

（1）客人陆续入座时，服务员按礼宾次序及时倒茶水。第一次续茶水间隔 15 分钟左右，往后间隔 30 分钟（可视情况提前或延迟），茶水温度应保持在 85℃ 以上。

（2）会议中场休息，及时补充和更换各种用品，注意不要翻动桌面资料。

（3）会议结束前，服务员快步走向会议室门口，打开大门，站在门内一侧，保持微笑，身体略微前倾，欢送客人："请慢走，欢迎下次再来。"

（4）做好保密工作，不询问、议论、外传会议内容，不带无关人员进入工作区域。

4. 会后结束工作

（1）客人全部离场后，检查是否有遗留物品，检查会场设备、物品的完好情况。

（2）关闭空调电灯，把贵重的设备、物品收藏好，完成会场的整理工作。

（3）离开会议室时，全面检查各电源开关，并锁好门。

（4）总结接待情况，列入会议档案。

二、插花服务

插花艺术是指将剪切下来的植物（枝、叶、花、果等）作为素材，经过一定的技术处理（修剪、整枝、弯曲等）和艺术加工（构思、造型、设色等）重新配置成一件精致美丽，富有诗情画意，能再现自然美和生活美的花卉艺术品。

插花艺术、花艺设计是民宿装饰设计的一部分，它的最基本功能就是给客人一个良好的体验，使客人感受到民宿对他的热情欢迎，感受到民宿可以为他提供温馨、舒适的住宿环境。

（一）插花的原则

民宿插花主要着重于点缀室内、烘托气氛，注重形式美的装饰一般应遵循以下几点原则：

（1）摆放恰到好处。应尽量利用室内的空余空间，如死角及平时闲置的器物表面摆设插花。由于插花已切离植株，易凋萎，故最好放置在阴凉但又不影响观瞻处。还应避免置于阳光直射的地方以及一切热源处。

（2）花形大小相宜。插花的大小要与放置的环境尺度相称。小房间不宜放置大型的插花。花材的大小、粗细与放置的环境也应相称。卧室不宜用大型枝叶插制的作品，应用小叶、柔软、淡色的花材以求轻松、舒适，有利于消除紧张和疲劳。

（3）突出简洁协调。一般每间客房以点缀一两件插花作品为宜。花形宜简洁统一，切忌繁复。插花作品的总体色调必须与墙面、地面、家具等周围的环境因素相协调。

（二）插花的类型

插花艺术按插花器皿和组合方式可分为下列几种。

1. 瓶式插花

又叫瓶花，是比较古老而普通的一种插花方式，喜欢花的人们剪取适合的花枝配上红果绿叶，插于花盆布置室内。这种插花由于花瓶瓶身高，瓶口小，因此插时不需要剑山和花泥，只需将花枝投入即可，日常生活插花多属此种。

2. 盆式插花

又称盆花，即利用水盆进行插花，或利用其他类似于水盆的浅口器皿进行插花，由于容器较浅，需要借助剑山、泡沫、卵石等固定物才能完成作品，与瓶式插花相比，盆式插花的难度较大，需先造型，然后再根据造型安插花枝和配叶。

3. 盆景式插花

是利用浅水盆创作的一种艺术插花形式，它利用盆景艺术的布局方法，使插花作品形似植物盆景。这种插花是利用插花树枝制作而成。制作时可在水盆中放置些山石等作为背景和点缀。

4. 盆艺插花

是将盆栽植物和鲜花花枝艺术地组合在一起，进行室内布置的一种植物装饰艺术。所用盆栽一般是小型室内植物。

三、个性化服务

（一）个性化服务概念

个性化服务是指除了满足客人共性需求外，针对客人的特点和特殊需求，主动积极为客人提供针对性的服务。民宿个性化服务是基于常规服务的基础上而进行的一种区别性灵活性服务。把每一个客人当作独立的个体，针对每个个体进行服务，个性化服务可以成为客栈民宿的一个卖点。

（二）个性化服务的内容

民宿要有个性化服务意识及个性化服务内容，能够根据客人的特殊情况及个体情况提供针对性服务。

1. 一般性个性化服务

客人提出的要求只要合理合法，民宿就应尽最大的可能去满足他们。个性化服务要求员工具备积极主动为客人服务的意识，做到心诚、眼尖、口灵、脚勤、手快。

图 6-14　民宿的蜜月客房（一）

2. 突发性服务

客人在住店期间遇到了困难和问题，需要民宿帮助，如果此时服务准确到位，客人将牢记在心中。如客人由于飞机晚点，凌晨才到店，民宿管家亲自做一份夜宵送给客人，会令客人觉得特别温暖体贴。

3. 针对性服务

不同的客人有不同的生活习惯、文化背景、宗教信仰和爱好禁忌，要求服务员有强烈的服务意识，细心观察，想客人所想，做客人所需。搜集客人入住信息及关注客人入住行为习惯。如打扫客房卫生，发现卫生间的马桶上缠着一圈卫生纸。清洁人员把这个事情反映给店长，店长派人去买了一些马桶坐垫，放在马桶盖上。

4. 委托代办服务

指客人本人由于某种原因无法亲自办理而委托民宿代为办理的服务项目，如购买当地的土特产。

图 6-15　民宿的蜜月客房（二）

（三）个性化服务的要求

个性化服务以其鲜明的针对性和灵活性而成为民宿吸引客人之处。个性化服务的灵活性较大，要求员工做到以下几点。

1. 掌握相关知识

为更好提供个性化服务，服务人员要掌握相关的业务知识。例如，当地的气候、旅游动态、风土人情、航班信息等。同时，对于不同时期旅客的需要、各地的风俗习惯等相关知识，应该有所掌握，这样，在服务过程中才能做到有的放矢。

2. 具备超前意识

"想客人之所想，急客人之所急"，是民宿提供优质服务的一个基本点。民宿员工必须秉持"顾客就是上帝"的理念，树立个性化服务意识，真诚地为客人服务，细心关注每位宾客，多站在客人的角度思考问题，并将服务工作做在客人开口之前。例如，客人在询问到某景点应该怎么走时，服务人员除了告诉客人路线外，还可以介绍沿途的一些景点、景区和返回民宿的最佳路线。

3. 在最短时间内减少与客人的陌生感

作为身处异乡的住客，陌生的感觉会使客人感到不方便。所以，在接到客人入住的消息后，民宿员工要尽快熟悉客人的基本情况、生活习惯和特殊要求。这样，在为客人服务时可以及时、有针对性地满足客人的需求，尽快拉近与客人的距离，为他们营造一个"家外之家"的氛围。

4.建立客人个性化档案

客人个性化档案又称客史档案,是指民宿员工以文字、图表形式记录、整理的关于入住民宿客人实际消费需求的信息资料。客史档案是有效提供个性化服务、争取回头客的重要途径。客史档案的内容通常有宾客的基本资料,如宾客的姓名、年龄、性别、职业、身高、个性特征、联系方式等,以及宾客的消费情况及特殊要求、喜好及禁忌等,有可能的话还可储存宾客的照片。客史档案资料收集可以通过多种途径,包括预订房间、住宿登记表、账单、投诉处理记录、宾客拜访录、宾客意见书以及平时在服务的过程中收集的一些其他资料等。

【相关链接】

儿童的个性化服务

儿童是民宿特殊的客人。赢得了孩子就是赢得了整个家庭,如何针对儿童提供个性化服务,某酒店的做法值得借鉴参考。

请在入住前先提供儿童的名字和年龄,以方便我们作准备:

①为小客人们安排欢迎活动;

②提供儿童浴袍;

③提供免费婴儿用品,包括枕头、毯子、一次性纸尿裤以及洗漱用品;

④提供免费的睡前牛奶和饼干。

图6-16 民宿的儿童活动区

此外,为了避免客房内发生事故,可以采取下列措施:

(1)在有儿童的房间门上悬挂专门标志。

（2）将客房家具拐角处添加软包，在门把手上加罩，把玻璃杯、烟灰缸等不安全物品收藏起来，确保没有能够伤到孩子头部或身体的尖利物体或突出物。

（3）仔细观察房间四周，彻底清除潜在的危险。

（4）提供的婴儿床确保牢固安全，1米以上的儿童建议加床，不要和父母同床，以免发生跌落。

（5）告知儿童父母，儿童使用卫生间时要家长陪同，避免烫伤、跌倒。

（6）将电插座插入专用保护插头，避免触电。

（7）时刻关注电梯和楼层的情况，一旦发现儿童独自乘坐电梯或独自在楼层走廊，要及时关注，以免发生意外。

【本章小结】

民宿提供哪些服务项目、服务质量如何，势必会在很大程度上影响住客的满意程度。各家民宿目标客源、市场需求不同，再加上诸多其他因素，需根据自身的具体情况，考虑多种因素，确定提供的服务项目。对民宿员工来说，只有熟悉和掌握民宿各项服务的标准，不断摸索规律，才能为客人提供良好的住宿体验。

【思考与练习】

1. 问答题

（1）如何做好民宿的各项服务工作？

（2）什么是个性化服务？请列举2~3个民宿个性化服务案例。

（3）什么是客史档案？请设定宾客对象并为其建立一份客史档案。

（4）请说出中国的六大茶叶类型。

（5）如何做好小型会议服务工作？

（6）通过网络等渠道收集5个民宿服务案例，并进行分析。

2. 实训练习

（1）分组模拟迎客、送客服务。

（2）分组模拟泡茶、斟茶服务。

3. 拓展练习

（1）自行拟定服务对象，设计客房个性化服务方案。

（2）分小组调研本地2~3家民宿，了解其服务特色。

模块七　民宿的日常管理

【案例导入】

民宿为何成投诉新热点？

民宿成为 2017 年消费投诉新热点。矛头所向，很少是不够诗意，而是不够适意，最让人诟病的是网络上打动人心的宣传与实际状况之间差了一个五星级的距离。2018 年 3 月，苏州市消费者权益保护委员会发布信息，盘点 2017 年消费投诉，其中民宿成为消费者投诉的新热点。投诉主要集中在实际情况与宣传的不符合、价格纠纷、食品卫生以及住宿条件等方面。

一位记者在某旅游 APP 用化名注册了一个账号，随机找到了一家位于工业园区的舒适型民宿。输入化名及付款后，记者收到短信确认，成功预订了这家民宿。然而，等待了数小时，这家民宿却对预订情况毫不知情，直到记者拨打电话询问，负责人还称没发现，要确认一下。等确认过后，他回拨电话称，的确预订了，并报出了记者的化名。到该小区后，负责人直接带记者去民宿，途中有个小插曲：有一名客人提出能否看一下负责人的身份证，负责人说没带，拒绝了他。等那位客人离开后，负责人从上衣口袋掏出身份证，朝记者扬了扬说："还要看身份证，以为我是坏人吗？出来旅游还是洒脱一点的好。"他说，民宿与客人之间要相互信任，他是直率的人，希望客人也洒脱一点。

出于"信任"，他自始至终没有核实记者的身份，没要求记者出示身份证，也没有签协议。这家民宿四房两厅，看上去与普通住宅一样，然而与负责人所说的"民宿式"相比，还是有很大不同：公共区域没有监控，没有疏散逃生图，没有灭火器等消防器材。虽然负责人说床单一日一换，送专业机构清洗，不过记者看到他去阳台，把晾晒的床单偷偷收了起来。

思考：什么是民宿，不只是有间房间放张床。民宿除了一个超级美的房子、有故事的主人之外，还应该进行怎样的日常管理？民宿日常运行管理必须建立专属的 SOP（Standard Operating Procedure，标准作业程序）体系，让民宿管理高效优质。

 **学习目标**

- 掌握民宿清洁保养程序及标准
- 了解民宿的物资采购管理要求
- 掌握民宿的设备用品管理方法
- 掌握民宿的劳动管理方法
- 掌握民宿安全管理要点

【学习任务导图】

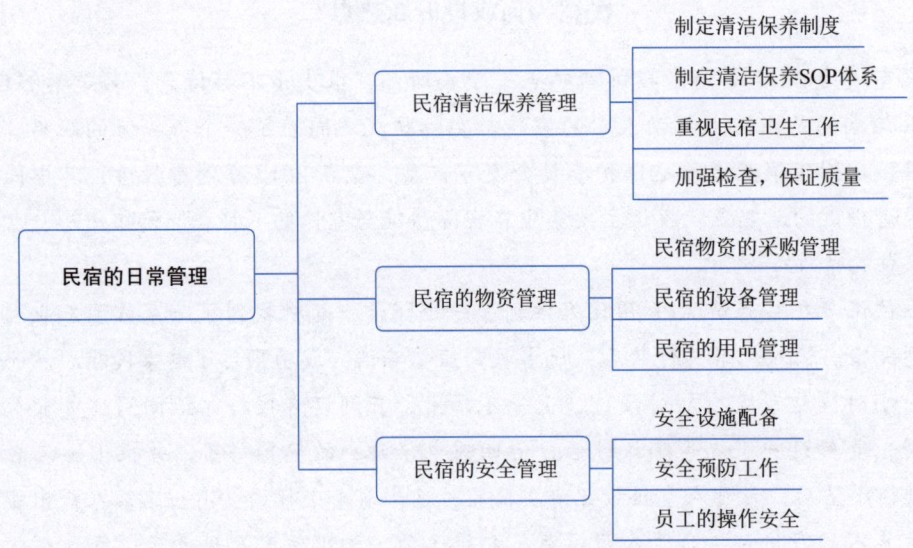

项目一 民宿清洁保养管理

 知识内容

清洁保养是民宿日常管理的主要工作。清洁保养工作的好坏直接影响到客人对民宿产品的满意度，同时也直接影响民宿的形象、氛围和经济效益。

一、制定清洁保养制度

首个涉及民宿的国家行业标准《旅游民宿基本要求与评价》于2017年10月1日正式生效，标准对民宿基础性的卫生、安全、服务方面作出了规范。在卫生服务方面，标准要求客房床单、被套、枕套、毛巾等应做到每客必换，公用物品应一客一消毒；客房卫生间应有防潮通风措施，每天全面清理一次，公用物品应一客一消毒等。

未来民宿行业正向标准化、规范化的道路迈进，必须重视相关制度的建设，使民宿客房、餐厅、会议室等清洁保养工作做到有章可循。有关清洁保养质量管理制度主要有以下几点。

1. 民宿清洁保养操作程序制度

（1）民宿日常清洁保养制度；

（2）民宿定期清洁保养计划卫生制度；

（3）民宿杀菌消毒制度；

（4）民宿清洁保养检查制度。

2. 民宿质量检查分析制度

（1）民宿质量检查制度；

（2）民宿质量分析制度；

（3）民宿质量分析报告制度；

（4）民宿质量档案管理制度。

制定质量检查分析制度时需注意结合本民宿的情况，需具可操作性，另外定性、定量的标准尽可能量化，便于员工对标准的掌握和日常检查考核。

制定了制度，关键是落实执行。如员工培训制度每家民宿都有，但有些民宿执行力度不够，制度流于形式，影响了服务质量。

二、制定清洁保养 SOP 体系

SOP 是 Standard Operation Procedure 的缩写，即标准作业程序，就是将某一事件的标准操作步骤和要求以统一的格式描述出来，做到细化和量化，用来指导和规范企业日常的工作。虽然可以单独地定义每一个 SOP，但从企业管理来看，SOP 不可能只是单个的，而必然是一个整体和体系，也是企业不可或缺的。

具体到民宿管理中就是将民宿清洁保养的标准操作步骤和要求以统一的格式描述出来，进行细化和量化，用来指导和规范民宿日常的工作。

（一）客房清扫整理

客房是民宿的主要产品，客人在客房逗留时间最长，客房管理需要做好走客房、住客房等各类客房清洁保养工作。

1. 走客房清扫整理

走客房指客人当天已经结账离店还未清扫整理的房间。走客房需彻底检查、全面清扫整理。

表 7-1　走客房清扫整理程序

清扫客房服务规程

操作步骤	操作要领	质量标准
1. 进入客房	按进入客房程序进入客房。	规范操作。
2. 检查电源开关	（1）检查灯具有无损坏。 （2）熄灭多余的灯。	发现损坏灯具及时报修更换。
3. 开窗户或开空调	打开窗户，注意风沙大的天气或阴雨天不能开窗，可将空调通风系统调至规定的挡位。	保证客房内空气清新、无异味。
4. 拉开窗帘	厚薄两层窗帘都要拉开。	注意窗帘挂钩有无脱落。
5. 检查客房	检查客房是否有客人遗留物品、物品是否有短缺或损坏。	检查需仔细。
6. 收集烟缸及杯具	（1）将脏烟灰缸放入卫生间备洗。 （2）杯具最好采用更换的方式。	杯具采用更换的方式更为卫生、高效。
7. 收集垃圾	（1）将垃圾倒入垃圾袋。 （2）清洁垃圾桶。 （3）更换垃圾袋。	严格执行民宿节能降耗标准。
8. 撤床	按撤床程序撤床。	动作快捷。
9. 清洁卫生间	按卫生间清扫程序清洁卫生间。	卫生间清洁、无异味。
10. 铺床	按铺床程序铺床。	床铺美观平整。
11. 除尘除迹	（1）按同一方向顺序，从上至下，从里至外擦拭房间浮灰。 （2）注意逐项检查设备是否完好。若有损坏，立即报告。 （3）记住需更换或补充的客用品。 （4）特别要注意抽屉、衣橱的清洁。	（1）注意边角处，避免遗漏。 （2）干湿布须分开使用。 （3）彻底清洁。
12. 补充房间用品	根据民宿规定的房间用品量及摆放位置补充用品。	一次性补齐放好。
13. 拉窗帘	轻轻将纱窗帘拉上，将遮光窗帘拉至刚好遮住窗框的位置。	纱窗帘须合拢。
14. 清洁硬地面	（1）用专用拖把由里到外清洁地面。 （2）边清洁边调整家具。 （3）注意边角处。	需用快干式拖把。 地面干净无杂物。
15. 自我检查	环视客房，检查有否遗漏之处。	确保客房清扫质量。
16. 关窗或关闭空调	关上窗户或将空调关闭。	执行民宿有关节能降耗标准。
17. 关门离房	关灯后退出房间。	关门锁好房门。
18. 填写《客房清扫日报表》（见表 7-2）	按要求逐项填好。	填写及时、准确。

特别提示

入住一家民宿的客人绝对不希望在自己的房间里看到任何会使他们联想到有人曾在此处居住过的痕迹。一般来说,最令客人反感的痕迹包括:留在卫生间面盆、浴缸里、地面上的毛发丝,有污渍的布草,上一位客人遗留的个人用品等。因此,走客房需彻底整理,尤其要注意卫生间、床底、衣橱等处,不能留有上一个住客留下的痕迹。

图 7-1 民宿客房

表 7-2 客房清扫日报表

房号_____   姓名_____   日期 ___年___月___日

房号	状况	人数	清扫时间		维修项目	备注
			入	出		

2. 住客房清扫整理

住客房指客人正在租用、继续租住的房间。住客房需要清洁整理卧室与卫生间、补充客用物品。

表 7-3　住客房清扫整理程序

操作步骤	操作要领	质量标准
1. 进入客房	按进房程序进入客房。	规范操作。
2. 检查电源开关	（1）检查灯具有无损坏。 （2）熄灭多余的灯。	发现损坏灯具及时报修更换。
3. 开窗户或开空调	打开窗户，注意风沙大的天气或阴雨天不能开窗，可将空调通风系统调至规定的挡位。	保证客房内空气清新、无异味。
4. 拉开窗帘	厚薄两层窗帘都要拉开。	注意窗帘挂钩有无脱落。
5. 检查客房	检查客房是否有异常情况。	如有异常情况及时报告。
6. 收集烟灰缸及杯具	（1）将脏烟灰缸放入卫生间备洗。 （2）杯具采用更换的方式。	杯具采用更换的方式更为卫生、高效。
7. 收集垃圾	（1）将垃圾倒入垃圾袋。 （2）清洁垃圾桶。 （3）更换垃圾袋。	严格执行民宿节能降耗标准。
8. 撤床	按撤床程序撤床。	动作快捷。
9. 铺床	按铺床程序铺床。	床铺美观平整。
10. 清洁卫生间	按卫生间清扫程序清洁卫生间。	卫生间清洁、无异味。
11. 除尘除迹	（1）按同一方向顺序，从上至下，从里至外擦拭房间浮灰。 （2）注意逐项检查设备是否完好。若有损坏，立即报告。 （3）记住需更换或补充的客用品。 （4）特别要注意抽屉、衣橱的清洁。	（1）注意边角处，避免遗漏。 （2）干湿布须分开使用。 （3）彻底清洁。
12. 补充房间用品	根据民宿规定的房间用品量及摆放位置补充用品。	一次性补齐放好。
13. 拉窗帘	轻轻将纱窗帘拉上，将遮光窗帘拉至刚好遮住窗框的位置。	纱窗帘须合拢。
14. 清洁硬地面	（1）用专用拖把由里到外清洁地面。 （2）边清洁边调整家具。 （3）注意边角处。	需用快干式拖把。 地面干净无杂物。
15. 自我检查	环视客房，检查有否遗漏之处。	确保客房清扫质量。
16. 关窗或调空调	（1）将空调调至民宿规定的温度。 （2）客人在房则需征求客人的意见。	温度适宜。

续表

操作步骤	操作要领	质量标准
17.关门离房	（1）关灯后退出房间，关上房门。 （2）客人在房，需礼貌向客人道别，然后退出房间，关上房门。	确保房门锁上。
18.填写《客房清扫日报表》（见表7-2）	按要求逐项填好。	填写及时、准确。

特别提示

清扫整理住客房时需要特别注意：

（1）尽量避免打扰客人，最好在客人外出时打扫或客人特别吩咐才去做。

（2）先清理卧室，再清理卫生间。

（3）住客房内的抽屉不需抽出清洁，衣橱平时只需做面上的清洁，以免引起客人误会。

（4）小心整理客人物品，尽量不触动客人的物品，更不要随意触摸客人的钱包、首饰等贵重物品。

（5）除放在垃圾桶里的东西外，客人的物品也只能替客人做简单的整理，千万不要自行处理。

（6）房间整理完毕，离开房间时，关好总电开关，锁好门。

3.空房清洁整理

空房表示前一天无人租用的可出租的房间。空房处于空闲的状态，地面上可能有脚印，房间有灰尘、异味。为保持空房处于良好的、随时可出租的状态，员工每天需对空房进行简单的清洁整理，主要工作：擦拭浮尘、检查房内设备设施、给房间通风换气、水龙头放流水。连续几天空房，则需清洁地面；卫生间毛巾若因干燥失去弹性，需在客人入住前进行更换。

表7-4　空房清洁整理程序

操作步骤	操作要领	质量标准
1.进入客房	根据进房程序进入客房。	规范操作。
2.检查电源开关	（1）检查灯具有无损坏。 （2）关闭多余的灯。	发现损坏灯具及时更换。
3.开窗户或开空调	打开窗户，注意风沙大的天气或阴雨天不能开窗，可将空调通风系统调至民宿规定的挡位。	保证客房内空气清新、无异味。

续表

操作步骤	操作要领	质量标准
4. 除尘除迹	（1）按顺时针或逆时针方向，从上到下，从里至外擦拭房间浮灰。 （2）注意逐项检查设备是否完好。若有损坏，立即报修。	（1）注意边角处，避免遗漏。 （2）干湿布须分开使用。
5. 清洁卫生间	（1）将卫生间的面盆、浴缸、坐便器放流一至两分钟。 （2）检查卫生洁具使用是否正常。 （3）卫生间除尘除迹。	水质洁净，设施完好。
6. 清洁地面	（1）用专用拖把由里到外清洁地面。 （2）边清洁边调整家具。 （3）注意边角处。	需用快干式拖把。 地面干净无杂物。
7. 自我检查	检查是否有遗漏之处。	确保卫生质量。
8. 关闭空调	将空调关闭或调至最低档。	按照民宿规定操作。
9. 关门离房	将门轻轻关上。	关门后注意回推一下，确保房门锁上。
10. 填写《客房清扫日报表》（见表7-2）	按要求逐项填好。	填写准确、及时。

4. 进入客房

"客房是客人的"，客房出租给客人后，其使用权就是客人的，员工若非因工作需要，不能随意进入客房。如工作需要，也需先敲门（按门铃）通报，房间无人方可进入房间。

表7-5　进入客房程序

操作步骤	操作要领	质量标准
1. 观察门外情况	（1）有无"请勿打扰"标志，若有，则不能敲门。 （2）有无客人在房的迹象，客人是否可能允许进房。	避免打扰客人。
2. 敲门	（1）站立在门前适当位置，姿势要规范。 （2）以左手或右手指的中关节在门上轻敲三下。 （3）敲门时轻重适当，声响适度，节奏不宜过快。	（1）用敲门声通报客人。 （2）不能连续敲门。
3. 等候	（1）注意房内有无发问声，如客人问："谁？"可回答："员工，可以进来吗？" （2）若房内无发问声，等候3~5秒钟后，第二次敲门。	（1）切勿立即开门。 （2）给客人反应或准备时间。
4. 第二次门铃敲门	（1）与第一次敲门应间隔3~5秒钟。 （2）敲门，方法同第一次，只是敲门适当加重一些。	不能连续敲门。

续表

操作步骤	操作要领	质量标准
5. 第二次等候	同第一次等候。	给客人充足的时间。
6. 开门通报	（1）将门打开一条缝隙后在门上轻敲三下。 （2）自报家门，征求客人意见。如："早上好！我是服务员，可以进来吗？"说话声音要平稳、清晰。	（1）通知客人你已进房。 （2）开门后发现客人在睡觉或洗漱，则不能进房。
7. 进入客房	（1）将门打开并靠定。 （2）轻步进入客房。	开门勿用力过猛。

5. 中式铺床及撤床

员工铺床时需留意棉织品是否干净，铺床操作规范、动作利落。撤床时需要注意特别留意枕套、床单、被套中有无夹带客人物品。

表 7-6 中式铺床程序

操作步骤	操作要领	质量标准
1. 整理床垫	（1）将床垫放平，留意床垫角落所做标记是否符合本季度标记。 （2）注意席梦思保护垫是否干净、平整，四角松紧带是否套牢在床垫四角。	保护垫干净、平整，若有污染及时更换。
2. 抛单	站在床侧（或床尾甩单），将折叠的床单正面朝上，两手分开，用拇指和食指捏住第一层，其余三指托住后三层，将床单向前抖开，待其降落时，利用空气浮力调整好位置。	床单正面朝上，中折线居中，两侧下垂长度均等。
3. 包边包角	用直角手法包紧床头、床尾四角，将床单塞至床垫下面。	四角角度一致、包角均匀紧密。
4. 套被套	（1）将被套打开。 （2）将被子两头塞入被套两个角内，整理好。 （3）将被子另两头塞入被套内。 （4）抖动被子，使其平铺在床垫上。被子两侧下垂均等。 （5）被头反折45厘米，被套开口在床尾。	（1）被套四角饱满、平整。 （2）被面平整、美观。
5. 套枕套	将枕芯塞入枕套。	枕头四角饱满。
6. 放枕头	将枕头放在与床头平齐的位置，与床两侧距离相等。	居中摆放，外形平整。
7. 放背靠垫及床尾巾	将背靠垫放在床头，床尾巾放在床尾。	摆放美观。

表 7-7　撤床程序

操作步骤	操作要领	质量标准
1. 卸下枕套	（1）双手执枕头套角，将枕芯抖出。 （2）注意检查有无夹带客人物品。 （3）检查枕芯是否干净，随脏随洗。	保持枕芯干净。
2. 卸下被子	一手执被套，一手拿住被子，将被子从被套中抽出。	注意勿用力过猛。
3. 撤床单	（1）将床单四个角拉出，拆下床单。 （2）注意检查席梦思保护垫是否干净，随脏随洗。	席梦思保护垫干净、平整。
4. 收脏布草	将撤下的布草放入布草车中。	脏布草不能放在地上。

6. 卫生间清扫整理

卫生间清洁卫生是客人特别注重的。员工清扫卫生间时，抹布须分开使用，地漏和水龙头下水塞易藏污纳垢，须每天洗刷干净。

表 7-8　卫生间清扫整理程序

操作步骤	操作要领	质量标准
1. 开灯、准备清扫	（1）检查灯具有无损坏。 （2）清洁篮放在卫生间适当之处。	（1）灯具完好。 （2）方便操作。
2. 坐便器放水	（1）掀起坐便器盖板，轻按放水阀。 （2）待水抽完后，喷适量清洁剂在坐便器中。	使清洁剂充分溶于水中。
3. 撤出垃圾	撤出垃圾，放进大垃圾袋中。	严格执行民宿有关节能降耗和绿色民宿的质量标准。
4. 收布草	撤走用过的毛巾，放入布草车内。	脏布草不能放在地上。
5. 清洗垃圾桶、烟灰缸、皂碟	用清水冲洗干净、擦干。	无污迹、无水迹
6. 擦洗洗脸盆及水龙头等金属器件	（1）先用湿抹布擦洗，再用干抹布擦干。 （2）注意下水塞、下水口的清洁。	无污迹、无水迹，光亮。
7. 清洗淋浴房	（1）用温水冲洗淋浴房玻璃及玻璃门。 （2）用玻璃刮自上而下刮拭玻璃表面。按顺序从上部开始不断地从左至右刮洗，然后反过来，从右到左，一直往下刮洗到底部。必要时使用玻璃清洁剂。 （3）用温水冲洗淋浴房墙壁，海绵块蘸少许中性清洁剂擦除金属器件的皂垢、水斑。 （4）将墙壁和金属器件用干抹布擦干、擦亮。 （5）用专用抹布擦净淋浴房地面。	（1）无污迹、无水迹。 （2）设备完好有效。

续表

操作步骤	操作要领	质量标准
8. 清洗浴缸	（1）关闭浴缸活塞。 （2）放少量热水和清洁剂在浴缸中，用浴缸刷清洗浴缸内外、墙壁、浴帘、金属器件。 （3）打开活塞，使污水流走。 （4）用温水冲洗墙壁、浴缸，抹布擦干、擦净。	（1）无污迹、无水迹。 （2）设备完好有效。
9. 清洗坐便器	（1）用坐便器刷刷洗坐便器内壁，冲洗干净。 （2）用专用的抹布将坐便器内外壁及盖板擦干擦净。	须用专用的清洁工具、抹布清洁坐便器。
10. 除尘除迹	（1）用干抹布将洗脸台四周瓷壁擦干擦净。 （2）用湿抹布擦拭镜面，再用干抹布擦净擦亮。	注意边角处，无遗漏。
11. 补充毛巾	补充干净毛巾，并按规定折叠、摆放。	补充齐全。
12. 补充用品	将用品按规定补齐，摆放整齐。	一次性补齐放好。
13. 擦拭地面	（1）用专用抹布从里到外，沿墙角平行擦净整个卫生间地面。 （2）注意边角和地漏处。	地面洁净。
14. 吸尘	用吸尘器从里到外吸尘。	地面干净无杂物。
15. 自我检查	检查有否遗漏之处。	保证卫生质量。
16. 关灯关门	（1）将卫生间门虚掩（留一个拳头空隙）。 （2）撤走清洁用具。	便于卫生间通风透气。

（二）大厅清扫整理

大厅是客人活动的中心，它的设计和装饰风格将给客人很深的印象，而大厅的清洁卫生更会引起客人的关注，是评价民宿服务水平的最重要依据，大厅的清洁工作是民宿卫生工作的重点所在。

公共区域清扫服务规程

图 7-2　民宿大厅

表 7-9　大厅清扫整理程序

步骤	操作要领	质量标准
1. 准备工作	准备好地拖、清洁桶、抹布等清洁工具用品。	工具、用品准备齐全。
2. 清除地面杂物	用扫把扫除大厅地面上的杂物。	地面无杂物。
3. 拖地	（1）将地拖头浸泡在清洁液中，再用拖把拧干机去除多余的水分。 （2）用后退式拖地方法拖地，较重的污渍可重复拖几次，直至污迹完全去除。 （3）拖头脏后，在装有清水的桶内清洗，再用拖把拧干机去除多余的水分。	地面洁净无水迹、污迹。
4. 整理休息区	（1）清理桌椅及沙发上的纸屑、果皮。 （2）用半干湿抹布擦去桌椅上的污迹。 （3）随时整理归位大厅休息区供客人休息的沙发、桌椅、茶几等。	保持整洁、美观的效果。
5. 其他工作	（1）清除花盆中的杂物。 （2）剪除花卉植物的枯枝败叶。	盆栽花卉植物有生机，花盆干净无杂物。
6. 结束工作	清洁工具、用品并归位，待地面完全干透后再撤去警示牌。	妥善存放清洁工具、用品。

（三）餐厅清扫整理

餐厅卫生特别需要及时维护与清洁，因为餐厅开餐时，各种意外都有可能发生，如调味汁倾倒在地面上、咖啡或饮料倒在椅子上，应尽快设法去除污迹。

图 7-3　民宿餐厅

表7-10 餐厅清扫整理程序

步骤	操作要领	质量标准
1.准备工作	准备好地拖、清洁桶、抹布等清洁工具用品。	工具、用品准备齐全。
2.擦拭餐桌、餐椅	用半干湿抹布擦拭餐桌、餐椅,必要时蘸上清洁剂擦拭。	餐后及时清洁,保持干净。
3.清除地面杂物	用扫把扫除餐厅地面上的杂物。	地面无杂物。
4.拖地	(1)将地拖头浸泡在清洁液中,再用拖把拧干机去除多余的水分。 (2)用后退式拖地方法拖地,较重的污渍可重复拖几次,直至污渍完全去除。 (3)拖头脏后,在装有清水的桶内清洗,再用拖把拧干机去除多余的水分。	地面洁净无水迹、污迹。
5.清倒垃圾	将垃圾清倒干净,垃圾桶擦净,换上干净的垃圾袋。	严格执行民宿节能降耗和绿色民宿的质量标准。
6.结束工作	清洁工具、用品并归位,待地面完全干透后再撤去警示牌。	妥善存放清洁工具、用品。

特别提示

餐厅是客人用餐的地方,清洁工作应在非用餐时间进行,需要选用合适的清洁工具、清洁剂和清洗方法。清洁工具要小巧、无噪声,清洗用的抹布、地拖需干净美观,化学清洁剂选用不带异味的。

(四)小型会议室清扫整理

不少民宿设有小型会议室,供客人开会、进行团队建设等活动使用。会议室日常需要常规检查清扫、使用后则需要彻底清扫整理。

表7-11 小型会议室清扫整理程序

步骤	操作要领	质量标准
1.准备工作	准备好地拖、清洁桶、抹布等清洁工具用品。	工具、用品准备齐全。
2.清洁桌子、椅子等家具	用半干抹布擦拭桌椅表面及桌椅腿。	家具干净,表面光亮。
3.擦拭窗台、踢脚板	用抹布擦拭窗台,注意边角处。	干净无尘。
4.清洁地面	硬地面拖干净,如果铺地毯日常需进行吸尘、除迹工作,必要时清洗。	保证地面洁净。
5.清倒垃圾	将垃圾清倒干净,垃圾桶擦净,换上干净的垃圾袋。	严格执行民宿节能降耗和绿色民宿的质量标准。
6.结束工作	清洁器具清洁后妥善放置。	保持工具、用品的清洁。

图 7-4　民宿小型会议室

（五）后台区域的清洁保养

民宿后台区域一般包含厨房、库房、员工休息区等。后台区域不同的地面材料应采用不同的清洁方法，如地砖类的地面需安排检查拖扫地面，随时清理掉在地面的各类碎屑或洒落的饮料汁、菜汤等。后台区域的各通风口、空调口、电灯，应定期安排清洁工作。消防栓和灭火器等需要经常擦拭，保证消防栓内干净无杂物，灭火器上无灰尘。厨房卫生涉及食品安全，是民宿清洁卫生管理的重点。下面介绍某民宿厨房卫生管理制度及标准，供学习参考。

（1）厨房烹调加工食物用过的废水必须及时排除。

（2）地面天花板、墙壁、门窗应坚固美观，所有孔、洞、缝、隙应予填实密封，并保持整洁，以免蟑螂、老鼠隐身躲藏或进出。

（3）定期清洗抽油烟设备。

（4）工作厨台，橱柜下内侧及厨房死角，应特别注意清扫，防止残留食物腐蚀。

（5）食物应在工作台上操作加工，并将生熟食物分开处理，刀、菜墩、抹布等必须保持清洁、卫生。

（6）食物应保持新鲜、清洁、卫生，并于清洗后分类用塑料袋包紧，或装在带盖容器内分别储放冷藏区或冷冻区，勿将食物在生活常温中暴露太久。

（7）凡易腐败的食物，应储藏在 0 度以下冷藏容器内，熟的与生的食物分开存放，防止食物间串味，冷藏室应配备脱臭剂。

（8）调味品应以适当容器装盛，使用后随即加盖，所有器皿及菜点均不得与地面或污垢接触。

（9）污物桶、泔水桶应备有盖子，泔水当夜倒掉，不在厨房隔夜，泔水桶四周应经常保持干净。

（10）开餐结束后应彻底进行厨房清洁扫除工作，用具应集中处置，杀虫剂应与洗涤剂分开放置，并指定专人管理。

（11）员工上班时需穿戴工作服帽，按规定围腰裙系带操作，服装干净、整洁。

三、重视民宿卫生工作

卫生指杀菌消毒，使物品及环境达到生化标准。卫生是民宿住客最关心的问题，如果卫生工作不过关，不仅影响民宿的品牌口碑，还会对住客的流量造成很大的影响。

（一）常用的消毒方法

常用的消毒方法有两类。

1. 物理消毒法

物理消毒法是指用湿热、干热、紫外线等物理因素达到消毒目的的方法。如煮沸消毒法。

2. 化学消毒法

化学消毒法是利用化学药物作用于病原体，使其蛋白质产生不可逆转的损伤，从而起到杀菌的作用。常用的化学消毒剂有漂白粉、氯亚明、高锰酸钾、"84"消毒液、来苏水等。

（二）常用消毒液剂的配制

1. 漂白粉消毒剂的配制

漂白粉又称含氯石灰，呈灰白色粉末状，有氯气味。漂白粉消毒液使用广泛，配制浓度为3‰的溶液，均匀搅拌溶解后即可用于客房茶具、棉织物和房间的消毒，同时也可用于水果的消毒。另外还可配制5‰的溶液，用于卫生间消毒。漂白粉消毒液需现配现用，不宜久放，放置时间过长容易失效。另外，漂白粉消毒液不适宜用于对金属制品的消毒。

2. 氯亚明消毒液的配制

氯亚明又称氯胺，呈白色或微黄色粉末状，配制浓度3‰的溶液，适用于客房内空气及物品表面的消毒，也可用于食物的消毒。氯亚明消毒液不宜久放，放置时间过长容易失效，一般配好的溶液只能使用一天，不适宜对金属制品的消毒。

3. "84"消毒液的配制

"84"消毒液是一种高效、速效、无毒、去污力强的消毒液，能快速杀灭甲、乙型肝炎、骨髓炎病毒和细菌芽孢等各类病菌，适用于民宿、宾馆、茶具、酒具、蔬菜、水果、家具、玻璃、塑料制品的清洗和消毒。"84"消毒液原液对棉织物、金属有腐蚀性，易伤皮肤，使用时必须先稀释。

（三）民宿各区域及物品的消毒

1. 客房的消毒

客房应定期进行预防性消毒，保持卫生，预防疾病的传播。消毒的主要工作有每天通风换气、日光照射、化学消毒剂杀虫灭菌等。

表 7-12　客房的消毒程序

消毒方法	操作要领
1. 通风换气	（1）室外日光消毒，利用阳光的紫外线作用消灭室内的病菌。 （2）通风，改善室内空气质量，防止细菌、螨虫滋生。
2. 擦拭消毒	（1）定期使用2%的来苏水溶液、1%的氯亚明溶液或"84"消毒液擦拭房间家具、设备，进行消毒。 （2）消毒完毕紧闭门窗约2小时，然后打开窗户通风。
3. 喷洒消毒	定期用漂白粉溶液对房间死角进行消毒，或用空气清新剂等进行喷洒。
4. 特殊工作	遇到住客患传染性疾病或死亡，应及时对房间进行消毒，保持房间卫生，防止疾病的传播。

2. 卫生间的消毒

卫生间的清洁卫生是住客特别重视的，而卫生间的设备用品易被病菌污染。所以，卫生间必须每天彻底清扫、定期消毒，确保处于清洁卫生水准。

图 7-5　民宿卫生间

表 7-13 卫生间的消毒程序

消毒方法	操作要领
1. 通风换气	打开换气扇,改善卫生间的空气环境,防止细菌、螨虫等滋生。
2. 消毒	(1)日常清理卫生间时用含消毒功效的清洁剂擦洗卫生洁具,用清水冲净并用专用抹布擦干。 (2)定期使用5%的漂白粉澄清液擦拭;使用2%~3%的来苏水擦拭消毒;使用比例为1∶200的"84"消毒液进行擦拭消毒。 (3)消毒完毕要紧闭门窗约2小时,然后再进行通风。
3. 特殊工作	如住客患肠道或呼吸道疾病,应用以上方法对卫生间进行多次消毒。

3. 餐具、杯具消毒

餐具、客房杯具消毒对保证宾客身心健康,防止病从口入,防止疾病传染具有极其重要的意义。凡是盛装直接进口食物、饮料的杯盘碗碟及所有小件餐具都要实行消毒。

杯具消毒主要有三种方法:消毒剂消毒法、消毒柜消毒法、蒸汽消毒法。民宿应设有专用消毒柜和保洁柜,集中到消毒间进行清洗和消毒处理。

表 7-14 餐具、杯具的消毒程序

操作步骤	操作要领	质量标准
1. 准备工作	(1)在消毒间的洗涤槽内注满清水。 (2)按一定比例兑入消毒剂,为泡洗杯具做准备。	准备充分。
2. 清洁杯具	(1)将杯具内残留物沥出,倒入垃圾桶内。 (2)用清水冲洗杯具。 (3)根据杯具脏污情况,可加适量洗涤剂洗涤。	杯具须洗干净。
3. 杯具消毒	(1)将杯具浸泡在准备好的消毒液中。 (2)消毒时间根据消毒剂的使用说明而定。	保证消毒时间。
4. 洗净擦干	(1)用清水冲洗干净、滴干。 (2)用专用抹布擦净杯具。	杯具洁净。
5. 存放	取出已消毒茶杯、口杯,储存到封闭的保洁柜里备用。	—
6. 登记	在消毒记录表上做好登记,记录消毒时间和操作者姓名。	记录及时准确。

特别提示

(1)擦拭杯具的抹布必须清洁卫生,专布专用。

(2)餐具、客房杯具还可以采用煮沸消毒法与蒸汽消毒法,简单易操作。

①煮沸消毒法。将已经洗净的餐具、杯具用筐装好,置于沸水中煮沸20~30分钟,然后将餐具分档分类存放在餐具柜内备用。一般瓷器餐具使用此法比较经济、

简便易行。

②蒸汽消毒法。将已经洗净的餐具、杯具放入蒸笼或蒸柜中，盖严后打开蒸汽，待上汽蒸 15 分钟即可。

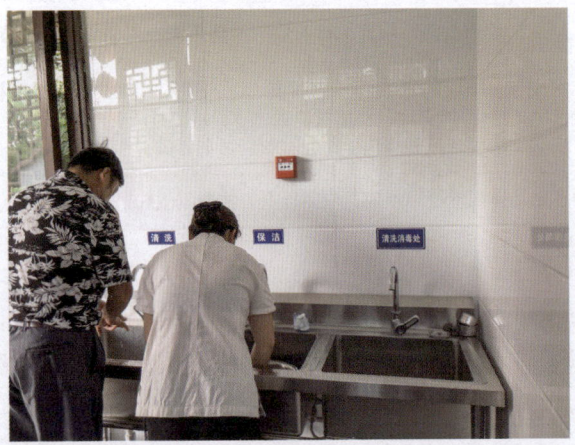

图 7-6　民宿消毒间（1）

图 7-7　民宿消毒间（2）

（四）除虫灭害工作

除虫灭害是指消灭民宿的蚊子、苍蝇、蟑螂、蚂蚁、老鼠等害虫，主要工作有：

1. 定期喷杀虫剂

定期喷杀虫剂，按说明比例配制杀虫剂，保证杀虫效果。

2. 毒杀虫害

对虫害的滋生地，如床下、墙角、卫生间需施放药物进行毒杀，被杀灭的害虫须及时清除干净。

3. 堵洞

对老鼠经常出没的地方须堵洞，防止其进入房间。

4. 灭杀

在冬春季节更替时，需提前对虫害可能发生之处进行灭杀工作，防止天气转暖后出现虫害。

（五）员工个人卫生

为保证客人的健康，防止疾病的传播，民宿员工应定期检查身体，持健康证上岗，并严格执行上下班更换工作制服制度。

四、加强检查，保证质量

（一）制定清洁保养质量标准

要进行质量控制和管理，就必须制定相应的标准，采用标准化的管理是保证民宿产品质量稳定的基本要求。

1. 客房清洁保养质量标准

客房感官标准总体要求：视觉上要求清洁整齐，用手擦拭要求一尘不染，空气清新无异味，室内无噪声污染。

表 7-15　客房卧室清洁保养质量标准

	质量标准
房门	开门顺利无阻、无杂声；门扇门框清洁；门扇平整无破损、无划痕；门锁转动灵活；窥镜光亮、透视度高；安全链无锈迹；房门号码清楚；门把手无污迹。
天花板	天花板无裂痕、无污垢、无水迹或层面脱落；墙角无污垢、蜘蛛网；灯罩无灰尘。
墙壁	墙面光洁；壁灯无灰尘，开关完好；墙上悬挂画牢固完好，无歪斜。
窗户	窗帘洁净，悬挂位置适当；挂钩轨道灵活，无脱落；双层窗帘闭合灵活，无破损；窗框玻璃光亮洁净。
空调	运行无杂音；空调器过滤网定期清洗更换；制冷或制暖迅速，温度适中。
电视机	整体无尘，四框干净；图像清晰无挂尘；电视遥控器按键灵活无污迹。

续表

	质量标准
灯具	灯泡、灯架无污迹；灯罩清洁，颜色光鲜。
床头控制柜	柜面柜架无污迹、无手印、无积尘，四角无磕碰裂痕；各种旋钮灵敏、有效；定期对柜面及各旋钮消毒。
地面	地面清洁、光亮、无污迹，地面四周无纸屑、毛发、烟灰。
沙发	沙发面干净无破损，沙发折面处无积尘，沙发弹簧无缺损。
杯具	杯面、杯底无水痕，清洁光亮；杯口光滑、无裂纹；托盘清洁干净；摆放位置符合要求。
垃圾桶	垃圾桶内外清洁干净，无污迹，桶内放置垃圾袋。
床铺	床铺铺叠美观平整，质量达标；床单、被套、枕头等床上棉织品干净。

表 7-16 客房卫生间清洁保养质量标准

项目	质量标准
门	门框、门扇无水迹、无污迹、无积尘；门后挂衣钩无松动、无锈迹；门把手要消毒，使用灵活、方便；双重内锁操作正常。
天花板	表面干净无水滴；防水矿棉无开胶现象；天花板墙角无落灰积尘。
墙壁	墙壁光洁无水迹；抽风口无积尘；瓷砖无破损脱落；不锈钢扶手及毛巾架洁净；墙面光洁。
地面	地面清洁、光亮，无污迹、积水、积垢，地面四周无纸屑、毛发、烟灰。
坐便器	无异味，外壁、上盖及马桶圈洁净无污渍；坐便器内里无尿碱、尿迹、水印；水箱清洁、无滴漏水现象。
浴缸	四周无污渍，无油垢；浴帘干净无溅渍；浴缸扶手光亮；香皂盆无皂垢；浴缸底部无水锈、无毛发。
面盆	面盆台面及瓷盆内壁无油渍、水迹、皂迹、毛发等，表面洁净光亮；龙头及手喷头无滴水现象；下水塞无脏物；下水系统正常，水流通畅；冷热水操作正常，水温达标。
镜子	表面洁净光亮，照人清晰；无皂渍、无溅渍、无水珠；无破裂，无水银层起皮现象。
易耗品	浴液、浴帽、香皂、梳子、漱口杯、面巾纸、厕纸、卫生袋、牙刷、牙膏等按标准配齐，摆放整齐有序。
垃圾桶	桶内外清洁，不积存垃圾、污物。
灯具	灯泡表面无灰尘，灯罩无积尘、无污迹，灯泡使用正常。
毛巾	毛巾洁净柔软，数量配齐、摆放整齐。
气味	空气清新无异味。

2. 餐厅清洁保养质量标准

表 7-17　餐厅清洁保养质量标准

项目	质量标准
餐桌	表面无浮灰、无油渍,横梁、桌腿干净、光亮、无蛛网、无吊灰。
玻璃转盘	表面无水迹、无油渍、无指纹、光亮、透明。
餐椅	表面无破损、无污迹,不晃动。
工作台	外表无污迹、无破损,内部物品摆放有规则、整齐,开启自如。
工作柜	餐具分类摆放整齐,抽屉底部垫有干净口布,外表洁净、柜门、抽屉开启自如。
地面	地面清洁、光亮、无污迹,地面四周无纸屑、烟灰。
瓷器餐具	无破损、无食物残渣、无水迹、无油渍、无指纹,摆放分类整齐。
玻璃杯具	无破损、无水迹、透明、光亮、无指纹,摆放分类整齐。
不锈钢器皿	干净、无水渍、无指纹、清洁、光亮,摆放分类整齐。
布草	清洁、无破损、无污迹,熨烫平整,折叠整齐,小毛巾干净、无异味。
菜单	整洁、无破损、无毛边或卷角,无涂改、无油渍。
托盘	清洁、无油腻,每天进行蒸汽消毒。
门厅内	光洁、无污斑、无手印,厅内整洁、舒适、无异味。
室内环境	绿色植物无浮灰、无枯枝败叶、修剪整齐,盆外无污迹、无浮灰,盆内无杂物;厅内空气清新、温度适宜;家具摆放错落有致,沙发上无污迹,各种饰品整洁、无浮灰;墙面饰物挂放工整、无浮灰。

3. 厨房清洁保养质量标准

表 7-18　厨房清洁保养质量标准

项目	质量标准
灶台和橱柜	清洁完好,无油垢,无垃圾,各种用具用品摆放整齐有序,无私人物品。
排烟罩	清洁完好,罩面滤油网里面的照明灯具均无油垢。
调料缸	干净整洁,调料盒无积水油垢,各种调料充足,不变质。
砧板	无霉斑积垢,开餐工作结束时要竖放。
冰箱	清洁完好,表面无锈迹污垢,冰箱内干净无积水,无异味,摆放整齐,做到鱼肉分开,生熟分开。
所有炊具、盛器	清洁完好,无锈迹,无污垢。
蒸柜	内外清洁无杂物、遗留物。

续表

项目	质量标准
地面	无油垢、污迹、杂物。
食品加工机械	完好，无残留垃圾、碎屑，无油腻积垢。
垃圾箱（桶）	加盖盖好，四周无积散垃圾，每餐结束及时清运。
水池	清洁，无油垢污迹，无杂物。
货架上	各种蔬菜、海鲜摆放整齐，各种料盒干净无污迹。
厨房门窗	清洁完好，无油垢，无积尘，无破损。
物品	摆放整齐有序，各种不锈钢用具干净光亮，无污迹油垢。

（二）加强检查，保证质量

1. 建立检查制度

民宿清洁保养需由店长或管家进行检查，此外要充分调动员工的积极性，发挥员工的作用。

（1）员工自查。

员工自查，要求员工每整理一间客房、清扫一个餐厅，要对客房、餐厅的清洁卫生状况、物品的摆放和设备家具等进行检查。员工自查的重点：客房、餐厅设施设备是否好用、正常？用品是否按规定的标准、数量摆放？员工自查的好处是：加强员工的责任心，提高清洁保养工作的合格率，减轻店长与管家的工作量，增进工作环境的和谐与协调。

（2）店长、管家检查。

店长、管家检查的主要作用：①拾遗补漏。由于繁忙、疲惫等原因，员工也难免会有疏漏之处。②帮助指导。对于业务尚不熟练的员工来说，店长、管家的检查是一种帮助和指导。

2. 检查方法

为提高清洁保养质量检查的效率，保证清洁保养检查的效果，检查应充分运用看、摸、试、听、嗅等方法，对客房、餐厅、大厅、厨房等处进行全方位的检查。

（1）查看。看是清洁保养质量检查的主要方法。检查时，要查看客房、餐厅、大厅、厨房等处是否清洁卫生，物品是否配备齐全并按规定摆放，设备是否处于正常、完好状态，整体效果是否整洁、美观。

（2）擦拭。管理人员查房时，对有些不易查看或难以查看清楚的地方，如踢脚线、边角等，需用手擦拭，检查是否干净。

（3）试用。民宿设施设备运转是否正常、良好，除查看外，还需试用，如试用水龙头放水、使用电视机等。

（4）耳朵听。室内噪声是否在允许范围内，日常检查主要靠听来判断。检查设施设备，在看、试的同时，还需用耳听是否有异常声响，如水龙头是否有滴、漏水声，空调噪声是否过大等。

（5）鼻子闻。客房、餐厅、会议室内是否有异味、空气是否清新，需要靠嗅觉器官来判断。

3. 检查程序

检查客房、餐厅、大厅、厨房等处清洁保养质量时须按一定程序进行，认真仔细，不能有疏漏。下面提供客房检查程序供学习参考。

首先，进入客房：按进房程序进入房间。

其次，检查卧室。

（1）房门：无指印，锁完好，安全指示图等完好齐全，安全链、窥镜、把手等完好。

（2）墙面和天花板：无蛛网、斑迹、无油漆脱落，墙纸无起泡、起翘等现象。

（3）护墙板、地脚线：清洁无尘、完好。

（4）地面：地面干净，无斑迹、无杂物。

（5）床：铺法正确，床上用品干净，床下无垃圾，床垫按期翻转。

（6）硬质家具：干净明亮，无刮伤痕迹，位置正确。

（7）软面家具：无尘无迹，如需要则作修补、洗涤标记。

（8）抽屉：干净，使用灵活自如，把手完好无损。

（9）电话机：无尘无迹，指示牌清晰完好，话筒无异味，功能正常。

（10）镜子与画框：框架无尘，镜面明亮，位置端正。

（11）灯具：灯泡清洁，功率正确，使用正常；灯罩干净、接缝面墙。

（12）垃圾桶：状态完好、清洁。

（13）电视与音响：清洁，使用正常，频道应设在民宿规定挡，音量调在民宿规定挡。

（14）壁橱：衣架的品种、数量正确且干净，门、橱底、橱壁和格架清洁完好。

（15）窗帘：干净、完好，拉合自如。

（16）窗户：清洁明亮，窗台与窗框干净完好、开启自如。

（17）空调：滤网干净，工作正常，温控符合要求。

（18）客用品：数量、品种齐全，状态完好，摆放位置正确。

再次，检查卫生间。

（1）门：前后两面干净，状态完好。

(2)墙面：清洁、完好。

(3)天花板：无尘、无迹、完好无损。

(4)地面：清洁无尘、无毛发，地砖接缝处完好。

(5)浴缸及淋浴间：内外清洁，电镀器具干净明亮，肥皂缸干净，浴缸塞、淋浴器、排水阀和开关龙头等清洁完好，瓷砖接缝干净无霉斑，浴帘干净完好，浴帘扣齐全，晾衣绳使用自如。

(6)脸盆及大理石台面：干净，电镀器具光亮，水阀使用正常，镜面明净，灯具完好。

(7)坐便器：里外干净，使用状态良好无损坏，冲水流畅。

(8)排风机：清洁，运转正常，噪声低，室内无异味。

(9)客用品：品种、数量齐全，状态完好，摆放位置正确。

最后，填写相关报表。

【相关链接】

客房清洁外包服务

一些民宿客房清洁保养工作采用外包的方式，即将民宿客房清洁保养、布草洗涤等部分工作包给店外相关公司，客房清洁外包需注意做好以下工作。

多了解：外包公司理念是不是提供高标准的支持，企业愿景是不是和分享经济结合，服务范围是否整体涵盖，包括客房清洁、布草洗涤及房态复原检查等。

多查看：上门的服务人员是否着装整洁，操作流程是否规范，选用的布草是否符合民宿的布草标准等。另外，应重点查看对民宿客房常见的卫生间头发、布草的清洁，客人遗留物品处理规范等，此外从对房间摆饰的复原等细节可以看出该公司是否具有民宿清洁经验和专业素质。

多访查：店长可亲自上门拜访，可以参观洗涤工厂的洗涤设备是否专业，投放的清洁剂是否为容易引起皮肤过敏的廉价强碱性清洁剂，布草、日用品等房屋替换物品包装运输是否清洁卫生。

项目二　民宿的物资管理

 知识内容

物资是民宿服务的物质基础，物资采购管理是民宿管理的重要内容，民宿设备用品品种多、投资大，管理是否科学合理将直接影响到民宿的服务质量及经济效益。因此，

管理人员要加强物资采购与日常的管理，在满足客人需求、保证服务质量的前提下，努力降低成本，提高经济效益。

一、民宿物资的采购管理

民宿采购管理工作是民宿日常管理、成本控制的一个重要环节，同时，采购工作的好坏将直接影响到整个民宿向客人提供产品及服务的质量。

对采购工作的管理与控制，主要是由民宿店长负责，由于采购工作涉及民宿内部的成本控制以及客房、餐饮等生产和服务部门，还有外部众多的供应商、中间商，涉及面广，情况复杂。要做好对采购工作的管理，店长必须抓好以下几个方面的工作。

（一）学习商品知识，提高采购技能

在现实生活中，购买质次价高的假冒伪劣商品，吃亏上当的事屡见不鲜，一个很重要的原因就缺乏必要的商品知识，对所购买的商品不了解，结果损害了民宿客人的利益，而且使企业本身蒙受不应有的，甚至是巨大的损失。

1. 商品知识

包括商品的特性、产地、规格、用途、质量、价格、供应商情况等。

2. 采购技能

学习采购的基本技能、方法，了解掌握物品供求信息，了解各类物品的特性和分类方法，提高与供货商洽谈业务的技巧，商定供货条款等。

（二）了解市场行情，控制采购成本

民宿店长需要了解市场行情，要随物资特点而定。对时令物品，因供求情况和价格变化快，需要随时掌握其变化；对季节性强的物品，如鱼类商品等，须摸清生产周期，掌握采购最佳时机；对用量较大的日用品，要进行专题调查，根据采购的质、量、时间要求进行选择，如从外地进货还要了解运输的情况和运输费用的高低。

市场上需要了解的内容有：货物来自什么渠道？可从哪些供货单位采购到哪些物品？各个供货单位提供物品的质量牌号、价格如何等。采购时应尽可能多找几家了行情，做到货比三家：同质比价、同价比质，从而有效地控制采购成本。

（三）控制食品的采购价格

1. 规定采购价格

通过详细的市场价格调查后，民宿对餐饮所需的某些食品提出购货限价，采购员必须在限价以内进行采购，不得超过，限价商品的品种一般是每日采购的新鲜蔬果肉类。

2. 规定购货渠道和供应单位

采购部门只能从那些指定的供货单位购货，或者只许购置来自规定渠道的食品，包括香烟，洋酒等。

3. 向生产单位直接采购

对采购批量大的物品,应尽可能向生产单位直接采购,并要求以优惠价格供应。

4. 根据市场行情适时采购

当某些食品在市场上供过于求,价格低廉,又是民宿大量需要的,只要符合质量要求并可作储存的可趁此机会大量购进,以备价格回升时使用。当应时食品上市,预计价格可能下跌,采购量应尽量减少,只要够用即可,等到价格稳定时再行添购。

二、民宿的设备管理

设备管理是民宿日常管理的重要内容,加强对设备的管理,有利于保证民宿产品尤其是客房产品质量、延长设备的使用寿命、减少设备维修更新的资金投入。

(一)设备的资产管理

1. 建立账卡

购进设备后,民宿管理人员必须严格查验,建立设备登记档案,将需用的设备按进货时的发票编号、分类、注册,记下品种、规格、型号、数量、价值以及使用区域。每个使用单位(一般以一个区域为一个使用单位)将所管理的设备登记设备账本上(见表7-19)。

(1)分类。

所有的设备均需分类,分类要细致。

(2)准备账本。

通常设备有多少种,账本就应有多少页,每一页应登记品种、规格、数量等项目(见表7-19)。

(3)编号。

在建设备档案时,要按一定的分类法进行分类编号,使每件设备都有分类号,以便管理。设备的编号,一般采用三节编码法。第一节表明设备种类,第二节表明使用区域,第三节表示设备编号。如客房的床垫可写成:C3—6—5,其中C代表家具类,3代表客房区域,6代表床垫,5代表床垫的编号。

(4)建卡。

在建账的基础上设备还要建立相应的设备档案卡(见表7-20)。建卡要求做到"账卡相符",即档案卡登记设备的品种、数量要与小组账本相符,以便核对控制。设备在使用过程中发生维修、变动、损坏等情况,都应在档案卡及相关账本上做好登记,设备的使用状况也要做好记录,以便全面掌握设备维修情况。

表 7-19　设备账本

区域：_____

名称	编号	规格	数量	领出	结存	建账日期	经手人

表 7-20　设备档案卡

名称	购买日期	供应商	价格

型　号：_____
出外维修：_____　　编　号：_____

日期	价格	维修项目	修理方式

2. 建立设备的历史档案

为全面掌握设备的使用情况、加强对设备的管理，除了建立设备账、卡外，还应建立设备的历史档案。客房、餐厅、会议室、厨房包括公共区域的设备，均须设有历史档案，主要内容有：设备的种类和数量、装修或启用日期、规格特征和历次维修保养记录等。

（二）设备的日常管理

1. 建立日常保养制度

应根据民宿家具设备的使用特性，制定设备的保养周期和保养质量要求，并严格执行。如房间铜器每天用擦铜剂擦拭一次，家具每月用家具蜡保养一次，电冰箱每周除霜一次等。

2. 定期检查

为保证设备运行良好、及时发现隐患，对民宿各类设备还应制定定期检查制度，发现问题及时处理。

3. 及时维修

设备一旦出现问题，应及时进行维修，否则小问题易变成大问题，增加维修工作量，缩短设备的使用寿命。设备维修有两种类型：一是小维修，二是大维修。小维修是对设备进行局部的修理或更换部分小零件，恢复其使用性能，在短时间内即可完成；大维修是对设备进行全面的修理，需花费较长时间更换主要部件来恢复其使用功能。

4. 重视员工培训

员工必须参加设备培训，学习和掌握所使用设备的原理、结构、性能、使用、维护、维修及技术安全等方面的知识，强化设备操作技能训练。

【相关链接】

热水引发的投诉

"这房间我不要了！"当值管家循声看去，是刚刚办理入住209房的陈先生，刚才还一脸和气地来开房，怎么才进房间这么一会儿就气冲冲地出来要退房呢？管家赶忙迎上前去，将客人安顿在阅读区入座，冲上一杯热热的红茶开始询问情况。原来，一身疲惫的陈先生进房间后，准备洗澡休息，可是发现水管里放了10分钟都没有流出热水，便在微信中询问，前台员工给陈先生的解释是，他所住的楼层水管破裂正在抢修，但无法承诺客人具体供热水的时间，这样的答复引发了陈先生的极大不满。于是陈先生来到前台要求退掉房间。管家听完陈先生的抱怨后立马向客人致歉，安抚客人后，马上联系了维修人员，了解到1楼房间热水正常，于是询问客人，可否帮客人换到同等级的106楼房间，并向客人承诺第二日延迟退房到下午4时，保证客人有充足的休息时间。客人对此处理表示满意，不再追究。

评析：

（1）员工在当值期间，应了解实时房况，切勿将房况不佳的房间开给客人，以免遭受投诉。

（2）处理投诉时，一定要头脑清醒，客人再急，服务人员都要保持冷静，以最快的速度排除矛盾，让客人感受到民宿实实在在地关注着每一位客人最细微的需求，圆满解决投诉。

三、民宿的用品管理

民宿用品的选购、储存、配置、使用、控制等各环节的工作做得好坏，直接关系到民宿的档次高低、宾客的满意程度以及民宿的经济效益。

（一）用品库存管理

做好用品的保管，可以减少用品的损耗，保证周转。良好的库存条件及合理的物流管理程序是搞好用品保管工作的两个必要条件。

1. 库存条件

（1）库房需保持清洁、整齐、干燥。

（2）货架应采用开放式，货架与货架之间要有一定的间距，以利于通风。

（3）进库用品需按性质、特点、类别分别堆放。

（4）加强库房安全管理，做到"四防"，即防火、防盗、防鼠疫虫蛀、防霉烂变。

2. 物流管理

（1）严格验收。

（2）分类上架摆放。

（3）进出货物及时填写货卡，做到"有货必有卡，卡货必相符"。

（4）遵循"先进先出"的原则，应经常检查在库物品，发现霉变、破损及时填写报损单，报请店长审批。

（5）定期盘点，对积压的物品主动上报。

（6）严格掌握在库物品的保质期，对即将到期的货物应提前向店长反映，以免造成不必要的损失。

（二）用品日常管理

日常管理是用品控制工作中最容易发生问题的一个环节，也是最重要的一个环节。

1. 加强管理

用品的领发应由管家负责，每天根据客房、餐厅等处的需要分发并做好相关记录。在用品的日常管理中，要严格控制非正常的消耗。员工在工作中要有成本意识，注意回收有价值的物品，并进行再利用。另外，还要防止因使用不当而造成的损耗。

2. 定期盘点

很多客用物品尤其是客用消耗品都有一定的保质期，如果库存太多、物品积压过期，难免会造成自然损耗。因此，民宿要根据市场货源供需关系确定库存数量，定期盘点，避免物品积压。

3. 做好统计分析

管家应对每天的用品消耗进行统计，对每周、每月、每季度、每年度的客用物品消耗量进行汇总，并结合盘点，了解用品的实际消耗情况，如果实际消耗情况与定额标准偏离较大，就必须分析原因。

4. 推行"4R"做法，降低消耗

在用品消耗控制过程中，重视并做好降低消耗和环境保护工作。合理地降低消耗能够有效地控制成本，减轻民宿负担，提高经济利益。

"4R"是指 Reduce、Reuse、Recycle 和 Replace，这 4 个英文单词概括了人们对降低消耗和环境保护工作的一些具体做法。

（1）减少（Reduce）

尽量减少或不用对环境有污染或破坏作用的材料或用品，如塑料用品和塑料包装材料、含氯的化学清洁剂等。尽量减少能源和物资的消耗，如水、电及清洁用料等。减少包装，如客房卫生间尽量采用能够重新灌装的容器，减少消耗品的用量。减少客用物品的配置和更换。在客房内设环保卡，倡议减少床上用品、毛巾的换洗。

（2）再利用（Reuse）

注意回收。要求员工在日常工作中注重回收那些已经用过，但仍有再利用价值的物品。如酒瓶、饮料罐、食品盒、肥皂头、剩余的卷纸、用过的牙刷、用剩的牙膏、浴液、洗发液等，有些物品的包装材料和容器等也可以回收。

合理利用。凡是具有再利用价值的物品，回收后再合理利用，这样做既可以减少物品消耗，又可避免简单地将其作为垃圾处理，造成环境污染。如肥皂头、牙刷、牙膏、洗发液等，可以用于清洁保养工作，报纸、杂志等可以卖给废品收购站。一些物品经过再加工还可以继续使用，如报废的毛巾可作抹布使用。

（3）循环（Recycle）

循环使用是减少客用物品消耗、做好环境保护工作的一项重要举措。客房的某些物品如果在材料和设计上做些调整，就可以循环重复使用。如将原本用塑料制作的礼品袋改用环保纸制作。

（4）替代（Replace）

民宿应尽可能使用有利于环境保护和可再生利用的产品，以替代一些传统产品，如用纸质包装取代塑料包装。

（三）民宿布草的管理

1. 布草的概念

布草属于专业用语，泛指现代民宿里一切跟"布"有关的东西，包含客房床上用品，如床单、被套、枕套、枕芯、被芯、装饰面料等；卫生间毛巾，如方巾、面巾、浴巾、浴袍等；餐厅用纺织品，如台布、口布、椅套等。

民宿清洁布草是一门学问，如果布草管理工作没做好，不仅会影响宾客的住宿体验，还会导致民宿整体品牌口碑变差。干净的布草是民宿给宾客们留下良好印象的第一步，民宿管理者必须能够在布草清洗的各个环节加强督导和重视。

2.布草的洗涤

民宿布草洗涤一般会选择外包公司或自己清洗，自己清洗要注意：毛巾类和床上四件套、餐厅用布草必须分开清洗，此外要注意洗衣机所能承受的最大公斤数，一般是6公斤或7公斤左右。洗衣机装机80%满，不能全部装满，以免影响洗涤效果。

（1）分拣

有客人拿浴巾或毛巾之类擦拭皮鞋，导致洁白的布草上出现皮鞋油，此类污垢非常难清洗，有些直接导致布草报废；还有一些床上布草沾染血渍等污渍。洗涤前必须将所有带污垢的布草挑选出来单独处理后再放入洗衣机清洗。

（2）外洗单位核查及维权

与外洗单位进行合作时，第一需要完善合同，对于违规洗涤布草所引发的客人投诉要求合作商共同承担责任，以此来减少风险。第二是在条款中标明各类布草的洗涤标准，要求洗涤机构按照布草洗涤标准洗涤，如未达到标准，将采取中止合约或者是罚款等方式来约束对方。三是加强巡查督导工作，指定人员对布草洗涤进行清查，不定期到对方的工厂进行抽查，严格执行合同标准，避免人为清洁不到位的现象。

【相关链接】

布草的选购

1.布草的质量

棉织品主要可以从质地、纱支数、经纬密度等方面进行比较和选择。

（1）面料

民宿布草面料质地有纯棉、麻、涤纶、真丝，也可几种原料混织而成。棉质面料质地柔软、手感好；麻质面料垂感好；真丝面料高贵、华丽；涤纶面料挺括、色泽鲜艳、不褪色、不缩水。客房用布草一般选择全棉质地的棉料，全棉布料吸汗且柔软舒适，而且触感柔软。

（2）纱支数

纱支数指每克纱的长度，即支数越高纱线越细、均匀度越好，反之也就是支数越低纱线越粗。通俗一点解释，纱支数是纱的粗细的标准，打个比方，一两棉花可以做成30根1米的纱，即为30支，也称30S；一两棉花可以做成40根长1米的纱，那就是40支；1两棉花可以做成60根长1米的纱，为60支。纱的支数越高，纱就越细，用这样的纱织出的布越薄，布相对越柔软舒适。但是支数高的布要求原料（棉花）的品质要高，而且对纱厂和纺织的织布厂也要求比较高，所以成本也比较高。

纱支标记为"S"。30S以上称为高支纱，20~30S为中支纱，20S以下为低支纱。服装一般用60~80S，床上用品用40~60S。一般常用的有全棉40支纱和60支纱。

（3）经纬密度

指每平方英寸（2.54平方厘米）中排列的经纱和纬纱的根数，如"40×40/128×68"表示经纱、纬纱分别为40支纱，经纬密度为128×68，经纬密度是床上用品选购的一个重要技术指标，因为面料支数的选择面窄，无非30S、40S、60S，所以同样支数的床品密度越高越好，高支才能高密。羊毛衫之所以能够保暖就是因为每平方英寸排有250根纱，高密度带来了高保暖性。

（4）缩水率

布草的缩水率是指在洗涤或浸水后收缩的百分比。布草面料不同，缩水率也不同，缩水率最大的织物是合成纤维及混纺织品，其次是毛织品、麻织品，全棉织品居中。此外织物的密度不同，缩水率也不同。如经纬向密度相近，其经纬向缩水率也接近。经密度大的织品，经向缩水就大，反之，纬密大于经密的织品，纬向缩水也就大。此外，布草纱支粗细不同，缩水率也不同。纱支粗的布缩水率高，纱支细的织物缩水率低。

（5）洗涤次数

布草因其特殊性洗涤频率非常高，因此洗涤次数也是重要的指标之一。采购布草时，应根据规格要求，让几家供应商提供所需的床单、被套、浴巾、台布和餐巾等的样品，丈量每件布草并称重；洗涤、烘干和/或熨烫20次（每次洗涤间隔24小时）；每洗涤5次，再次丈量、称重，考量其质量。

2.布草的数量

客房布草的配备数量要能满足部门日常运转的需求，配备标准是指每张床位应配备的棉织品量（包括卫生间棉织品），一张床位配备的床上棉织品及卫生间棉织品称为一套（Par①），配备数量取决于各家民宿客房出租率、洗涤情况等因素，最低的标准为3套：一套在客房内使用，一套在洗，另外一套则储存在仓库备用。

床单、被套、枕套、浴巾、洗脸巾、浴巾、方巾，按床位为1∶3配置；地巾，按床位1∶1.1配置；枕芯、被芯、席梦思护垫，按床位1∶1.1配置。

项目三　民宿的安全管理

知识内容

安全是民宿工作的生命线，没有安全就没有旅游业。民宿隐患较多，大部分民宿处于"无监管"状态，没有与治安、消防系统联网。有的民宿为招揽生意，住宿登记不要

---

① Par是标准水准的意思。酒店内1Par就是1个标准量的意思。

身份证，离店不开发票。有的民宿装饰材料不符合耐火要求，消防设施配备不足，从业人员缺乏消防技能训练，存在很大的消防、治安等隐患。有些民宿建在山边、溪边，离地质灾害点近；有些民宿卫生设施差，缺乏规范的消毒和疾病防范措施，消费投诉多。

安全、舒适、方便是客人对民宿产品的最基本需求，增强安全意识，提高对安全事故的预防与处理能力，是民宿工作的重要内容。

一、安全设施配备

安全设施是指一切能够预防、发现违法犯罪活动、保障安全的技术装备，由一系列机械、仪器、仪表、工具等组合而成。配备安全设施是做好民宿安全工作的必要条件。

（一）电视监控系统

电视监控系统是现代管理设施的一个重要组成部分，配置的目的是提高安全效益、优化安全服务、预防安全事故的发生、保障客人的安全。电视监控系统由多台电视屏幕、摄像机、自动或手动图像切换机和录像机组成。通过屏幕监控民宿各要害部位的情况，如前台收银处、出入口等。电视监控系统主要设置在民宿公共区域、客房走廊和进出口多而又不易控制的地方。

（二）消防控制系统

在民宿的客房、走廊等要害部位装置烟感器、温感器等报警器材，集中管理。这些地方一旦发生火灾苗头，消防控制柜就会显示火警方位，相关人员即可采取紧急扑救措施。

消防控制系统主要有：

1. 烟感报警器

客房内屋顶上一般安装烟感报警器，一旦发生火灾，烟感报警器会自动发出报警信号。

2. 灭火器、消防栓

餐厅、厨房、客房走廊上等处配备各种灭火器、消防栓等防火设施。

（三）安全报警系统

安全报警系统是民宿防盗、防火安全工作的一个重要环节。防盗重点是对非法进入者进行监督控制，在出现危害客人安全、偷盗财物等情况时，能够及时报警。

（四）其他安全设施

（1）民宿出入口安装门禁安全管理系统，防止闲杂人员进入。

（2）客房门上装有窥镜，门后装有安全防盗扣或链，张贴安全指示图，标明客人的位置或安全通道方向，安全指示图涂上荧光剂。

（3）安全通道门上安装有昼夜明亮的红色安全指示灯，一旦发生火灾或由于其他原因使通道灯停电，安全指示灯会立即开启。

（4）客房内配有防毒面罩，卫生间内装有紧急呼叫按钮及拉绳。

图7-8　民宿的安全设备

二、安全预防工作

（一）客房安全

1. 客房安全

客房是客人休息起居的地方，也是客人在民宿内活动时间最长的地方。所以应特别关注客人的人身安全、财产安全、火灾隐患等问题。

（1）客房一层对外的门、窗应采取防盗措施，户门应配置窥镜、双锁和防盗链；窗户应安装防盗窗或限位器。

（2）房门后粘贴"逃生路线图"并确保逃生路线标注正确。

（3）房间内应配置烟感、喷淋装置，且烟感、喷淋装置无遮挡物，另外应配置灭火器，并现场测试确保有效。

（4）楼梯显眼处需有"小心台阶"的温馨提示。

（5）整体玻璃隔断，需要在距离地面115厘米处粘贴明显防撞腰线。

（6）客房内的显著位置应张贴"贵重物品请随身携带"的温馨提示。

（7）在床头张贴"请勿床上吸烟"的温馨提示。

客房安全管理规程

2. 卫生间安全

卫生间特别容易发生滑倒、摔伤、磕碰的地方，需提前做好预防措施。

（1）防爆膜：如果有玻璃淋浴间，可以提前粘贴防爆膜，因为粘贴防爆膜后的玻璃即使碎裂，碎片也不会四处迸溅。

（2）防撞腰线：避免客人因为大意碰撞到玻璃而受伤，可以在距离地面高度115厘米的位置粘贴醒目颜色的防撞腰线。

（4）防滑垫：尽管卫生间地砖大多数是防滑的，不过还是需要放置一块防滑垫。

（5）淋浴区考虑安装防水坎，特别是在干湿不分的卫生间。

（6）在卫生间墙面显著位置粘贴"小心地滑"的标识可以起到温馨提示的作用。

3. 阳台安全

阳台是客人与自然亲近的室外地方，安全问题同样不容忽视。

（1）阳台护栏需要粘贴"禁止攀爬"的温馨提示。

（2）阳台护栏高度低于135厘米时，需要安装防护网。

（二）餐厅安全

（1）为客人服务食品、饮料及倒咖啡或茶水时，必须事先示意客人。

（2）为客人点烟时，注意避免烫伤客人。

（3）随时检查自助餐台上主盘的温度，避免烫伤客人。

（4）擦拭餐具及玻璃器皿时，须注意安全。

（5）服务员在餐厅不允许疾走，更不允许奔跑。

（6）进出门时，推门要慢，以免碰撞门后的人。

（7）为客人服务的餐具不允许有任何破损，以免割伤客人。

（8）禁止使用瓷器或玻璃器皿从制冰机中取冰，以免有破碎物混入水里、冰块里。

（9）协助客人照顾他们所带的孩子，不要让他们在餐厅内奔跑，避免跌伤。

（10）不要让儿童拿到锋利的餐具，避免割伤。

（11）开酒时注意安全。

（12）避免在别人身后整理东西。

（13）超越别人时，须先示意被超越的人。

（14）在厨房内取菜时，须注意安全，防止意外。

（15）使用服务车运送东西时，须将所运送的东西摆放整齐。

（三）厨房安全

厨房一般使用电磁炉或燃气灶，是动"火"的地方，所以厨房安全特别重要。厨房如果使用的是电磁炉，需要定期检查，使用的电源插座需要固定。厨房如果使用的是燃气，需要定期检查燃气管道阀门，防止燃气泄漏。在燃气灶上方的墙面显眼处张贴"燃气安全使用"的温馨提示。厨房配置烟感和喷淋装置，且烟感、喷淋装置无遮挡物。

为了防止发生火灾、盗窃、食品中毒及其他安全事故,厨房员工应遵守以下安全操作规范。

(1)定期检查一切消防用具,严禁在消火栓、防火用具、紧急出口处存放有碍救火及人员疏散的任何物品,发现防火用具有损坏及其他问题时,应立即上报。

(2)严格保管、存放及正常使用易燃物品(如固体酒精、火柴、蜡烛等)。

(3)严禁任何人在禁烟区域内吸烟。

(4)要求每位员工了解消防灭火用具的存放位置及使用方法,明确发生火情后应采取的措施。

(5)下班前,要由专人检查门、窗、柜是否正常关闭并加锁,电器电源是否关闭,若发现有损坏处,要及时上报。

(6)厨房工作人员在灶台上烧烤食物时,不得擅自离开岗位,每日工作完成后,要关闭煤气开关,并指定专人定期检查灶具、通风等设备,发现异常情况,立即上报。

(7)未经允许,任何闲人不得进入厨房区域内穿行、接触食品。

(8)厨房工作人员所使用的刀具,应及时清点,统一摆放在规定位置。

(9)冷荤、生、熟食品要分开存放,防止交叉污染。

(10)发现腐烂变质的食品,切忌食用。

表 7-21 安全检查表

检查日期:_____ 检查人:_____

区域	检查内容	检查结果	备注
厨房	水电关闭		
	煤气阀关闭		
	冰箱运转		
	消防器具定位		
餐厅			
客房			
其他区域			

三、员工的操作安全

（一）安全操作要求

（1）员工须具有较强的安全意识，防患于未然。

（2）员工能正确使用电器。

（3）有正当的保护措施，如工作手套、衣帽鞋具等。

（4）有一系列的应急处理措施，且每个员工都应掌握。

清洁剂使用规范

（二）安全操作注意事项

（1）用双手推车，以防闪腰。

（2）利用梯架清扫高处的积尘。

（3）发现工作区域湿滑，应立即擦干，以防滑倒。

（4）勿使用已损坏的清洁工具，也不能擅自修理，以免发生危险。

（5）举笨重物品时（如抬家具上楼），切勿用腰力，须用脚力，应先蹲下，平直上身，然后举起。

（6）发现走廊或楼梯、工作间照明不良，应立即报告，尽快修理，以免发生事故。

（7）走廊或公共场所放置的工作车、吸尘器等应尽量放置在过道旁边，注意是否有电线绊脚。

（8）家具表面上或地面上如有尖钉，须立即处理。

（9）所有玻璃窗和镜子，如发现破裂，须立即报告，及时更换，未能及时更换的，须用强力胶纸压下以防有划伤人的危险。

（10）发现松动的桌椅，须尽快修理。

（11）不可赤手伸进垃圾桶，须戴手套，并小心操作，以防被玻璃碎片、刀片等划伤。

（12）使用清洁剂及清洁用品时，需了解其化学属性，戴上胶手套。

（13）在使用电器前应检查有无插头松动、电源线裸露等现象。

（14）每日检查电器是否处于正常工作状态，发现问题及时报修。

（15）高空作业时使用安全带或绳子，在潮湿地面作业时使用防滑垫。

（16）发现任何安全隐患需及时报告，如地面缺砖或不平整、滑湿，未经处理的地面，残破、缺边的楼梯，未清理的电源线、工具等任何障碍物。

（三）员工自我安全防护

民宿在工作中还要有自我防护意识，对客人既要彬彬有礼、热情主动，又要保持一定的距离。当客人纠缠时，服务员不应以任何不耐烦、不礼貌的言行冲撞客人，应想办法摆脱。当班的同事应主动配合，让被纠缠的同事做其他工作，避开客人的纠缠。

【相关链接】

旅游民宿基本要求与评价（摘选）[①]

5 基本要求

5.1 旅游民宿经营场地应符合本辖区内的土地利用总体规划、城乡建设规划、所在地旅游民宿发展有关规划，无地质灾害和其他影响公共安全的隐患。

5.2 经营的建筑物应通过 JGJ 125 房屋安全性鉴定。

5.3 经营场地应征得当地政府及相关部门的同意。

5.4 经营应依法取得当地政府要求的相关证照，满足公安机关治安消防相关要求。

5.5 生活用水（包括自备水源和二次供水）应符合 GB 5749 要求。

5.6 食品来源、加工、销售应符合 GB14881 要求。

5.7 卫生条件应符合 GB16153、GB 14934、GB9663、GB/T 17217 要求。

5.8 旅游民宿建设、运营应因地制宜，采取节能环保措施，废弃物排放符合 GB 8978、GB18483、CJJ/T102 要求。

5.9 开业以来或近三年未发生重大以上的安全责任事故。

5.10 从业人员应经过卫生培训和健康检查，持证上岗。

5.11 服务项目应通过适当方式以文字、图形方式公示，并标明营业时间。收费项目应明码标价，诚信经营。

5.12 经营者应定期向旅游主管部门报送统计调查资料，及时向相关部门上报突发事件等信息。

6 安全管理

6.1 应建立健全各类相关安全管理制度，落实安全责任。对从业人员进行定期培训。

6.2 易发生危险的区域和设施应设置安全警示标志，安全标志应符合 GB 2894 要求；易燃、易爆物品的储存和管理应采取必要的防护措施，符合相关法规。

6.3 应配备必要的安全设施，确保宾客和从业人员人身和财产安全。

6.4 应有突发事件应急预案，并定期演练。

6.5 应自觉遵守当地习俗。

7 环境和设施

7.1 环境应保持整洁，绿植养护得当。

7.2 主体建筑应与环境协调美观，景观有地域特色。

7.3 单幢建筑客房数量应不超过 14 间（套）。

[①] 摘选自《旅游民宿基本要求与评价》(LB/T 065-2017)

7.4 建筑和装修宜体现地方特色与文化。

7.5 主、客区宜相对独立，功能划分合理，空间效果良好。

7.6 应提供整洁卫生、安全舒适的住宿设施。

7.7 宜提供整洁卫生、安全舒适的餐饮设施。

7.8 宜提供宾客休闲、交流的公共区域，布局合理。

7.9 设施设备完好有效，应定期检查并有维修保养记录。

7.10 应有适应所在地区气候的采暖、制冷设备，各区域通风良好。

7.11 公共卫生间应位置合理，方便使用。

7.12 应配备必要的消毒设施设备。

7.13 应配备应急照明设备或用品。

7.14 宜提供无线网络，方便使用。

8 卫生和服务

8.1 旅游民宿应整洁卫生，空气清新，无潮霉、无异味。

8.2 客房床单、被套、枕套、毛巾等应做到每客必换，并能应宾客要求提供相应服务。公用物品应一客一消毒。

8.3 客房卫生间应有防潮通风措施，每天全面清理一次，无异味、无积水、无污渍，公用物品应一客一消毒。

8.4 应有防鼠、防虫措施。

8.5 民宿主人应参与接待，邻里关系融洽。

8.6 接待人员应热情好客，穿着整齐清洁，礼仪礼节得当。

8.7 接待人员应熟悉当地旅游资源，可用普通话提供服务。

8.8 接待人员应熟悉当地特产，可为宾客做推荐。

8.9 接待人员应掌握相应的业务知识和服务技能，并熟练应用。

8.10 晚间应有值班人员或电话。

8.11 接待人员应遵守承诺，保护隐私，尊重宾客的宗教信仰与风俗习惯，保护宾客的合法权益。

【本章小结】

民宿日常管理环节比较多，涉及清洁卫生、物资管理、人员管理、安全管理等诸多方面，需要培养一支专业化、职业化的民宿员工队伍。

【思考与练习】

1. 简答题

（1）如何做好民宿清洁卫生管理工作？

（2）通过网络等渠道收集5个民宿清洁卫生案例，并进行分析。
（3）清扫整理客房（包括卫生间）需要注意哪些事项？
（4）如何做好民宿设备用品管理？
（5）谈谈民宿安全管理的重要性。

2. 拓展练习

（1）在教师指导下练习检查客房、餐厅及厨房等区域的清洁卫生。
（2）实地走访当地的酒店用品商店，了解熟悉民宿用品的市场情况。
（3）分小组考察本地2~3家民宿，了解其运转管理情况。

模块八　民宿数字化营销

【案例导入】

巧用微信营销[①]

旅行规划师苏子从事民宿营销策划工作近5年，他在知乎上发表文章，指点大家如何利用微信营销。

建立微信社群，努力添加每一位客人的微信，千万不要以客房为单位，应该落实到每个人，哪怕是夫妻之间，都会有各自的群体。

（1）组建微信群后，要记得及时跟客人互动，备注好每一位客人的姓名、来源城市和入住时间，以便未来更好地互动。比如，重庆—杭州最近机票只要99元，可以提醒重庆的客人，最近杭州有什么值得游览的地方；也可以在周末组织一次专题活动，针对某一群体的客人，这时候你可以衡量你微信好友中重庆客人的数量，预计可以来多少人。几次这样的沟通后，你的客人及他们的朋友要去杭州玩，首先就会想到你。

（2）把朋友圈作为民宿内容输出窗口，从美学的角度发满9张图，内容涵盖个人生活、旅行景点、美食以及民宿的新变化（如新给客栈增加了一套餐具等），宣扬精致的生活方式，吸引生活在都市的群体。

（3）推荐周边的民宿，如果你是丽江的，可以推荐几家价位匹配的大理民宿，图片要漂亮，可以针对淡季出行的客人做一个针对性的多日深度定制游，提高客户体验度。

（4）推荐特产，要少而精。不要只卖客房，客人预订民宿之后还有很多事情，这时候民宿主要进行精细化服务，仔细和顾客去沟通，从用车到门票，再到特产等都可以为民宿在淡季时带来收入。

（5）邀请客人发朋友圈，并在定位和内容上添加民宿名称，增加曝光率。每个民宿基本都有自己的客服微信号，每个客服的微信号最多可以添加5000人，这5000人都是你民宿的精准客户。如果你只是让这个客服号执行被动的回复功能的话，那就浪费了这个互动性非常高的平台啦！

[①] 资料来源：刘荣.民宿养成指南.江苏凤凰科学技术出版社，2018

图 8-1 花筑·南京云上温泉民宿

 **学习目标**

- 了解消费者行为特点
- 了解民宿市场细分和选择
- 了解民宿数字化品牌传播
- 了解民宿数字化客户关系管理
- 掌握影响消费者行为的主要因素
- 掌握民宿市场定位策略
- 掌握民宿营销渠道类型

【学习任务导图】

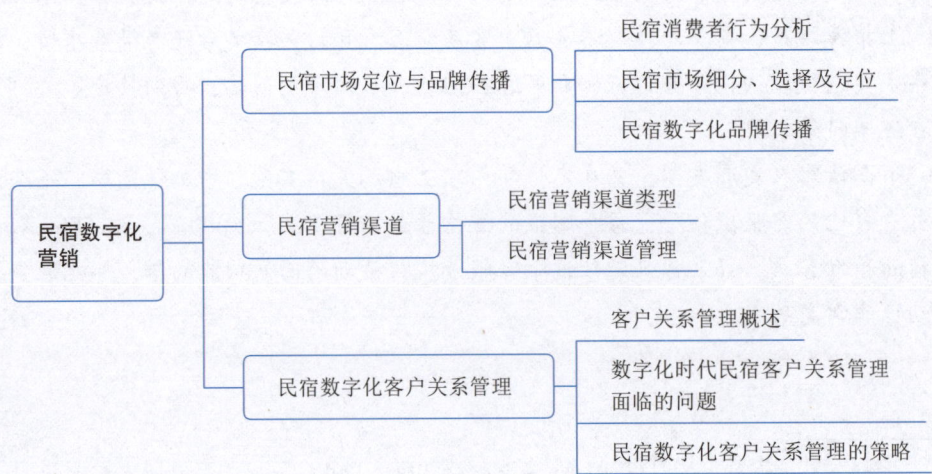

项目一　民宿市场定位与品牌传播

伴随着消费升级，休闲度假的需求日益增加，城市的快节奏使得人们开始追求田园牧歌式的乡村生活，越来越多的人渴望到一处风景绝美的地方，回归乡村、回归传统乡土文化。

民宿承载着城市人对乡村文化、乡村生活的众多理想，能够很好地满足当代人逆城市化的诉求，被誉为"有灵魂的生活、有温度的住宿"。

全域旅游发展理念和乡村振兴战略，为我国民宿业高速发展提供了强有力的政策支持。研究民宿消费行为，把握时代特征、找准市场定位并应用数字化媒体进行大范围的品牌推广对于民宿的高质量发展至关重要。

一、民宿消费者行为分析

（一）消费者行为特点

消费者行为是指个人或群体为满足需要和欲望而寻找、选择、购买、使用或处置产品和服务的过程，是以消费者的心理活动为基础的行为。

本书所讲的民宿消费者行为是指消费者为实现民宿旅游消费需要而产生的一系列行为，包括民宿预订前的决策行为、民宿入住体验过程中的消费偏好、民宿入住后的评价行为及民宿消费者各方面的心理活动和行为表现。

随着数字时代的发展，消费者行为呈现出以下特点。

1. 消费行为个性化

数字化时代的信息传播便捷快速，文娱产品种类繁多，消费者思想观念转变，对于个性化消费的追求愈加明显。消费者更多关注产品和服务的创新，倾向于选择具有个性化特征的商品以反映其精神世界，树立个人形象。

2. 消费行为理性化

在数字化时代，很多消费者会选择通过互联网收集商品信息并对比分析，对于商品的了解更为全面和客观，不再仅仅依靠传统媒体的广告传播。消费者行为更为理性化，冲动盲目的消费行为正逐步减少。

3. 全渠道消费成主流

线上线下相融合的全渠道消费方式已成为主流。不同的消费者可以根据自身诉求选择合适的消费渠道。例如，对于体验感较强的产品，消费者更倾向于线下消费；对于具有较高品牌辨识度的产品，则可以线上线下比较来选择消费渠道。消费者行为的多样性和复杂性给予了全渠道消费发展空间。

4. 消费者注重参与体验

随着信息技术的发展和主动消费行为的增加，消费者参与及体验的需求日益增强。由于信息科技的快速发展，兴趣相同的消费者可以便捷地通过各类媒体平台聚集在一起，形成社群，与企业一起参与价值链的各个环节，以满足消费者在精神层面对产品或服务的需求。

（二）影响消费者行为的主要因素

消费者行为是颇为复杂的，消费者的购买决策在很大程度上受到文化、社会、个人和心理等因素的影响。在这些因素的影响下，从受到外部刺激到作出购买决策，购买者的意识经历了多个环节，这一全过程称为消费者购买行为。如图8-2所示，购买行为的"刺激—反应"模型，市场营销和其他环境刺激会进入购买者大脑，即"黑箱"，由此产生多样的购买者反应。在此过程中，民宿经营者应分析哪些因素会影响消费者行为。

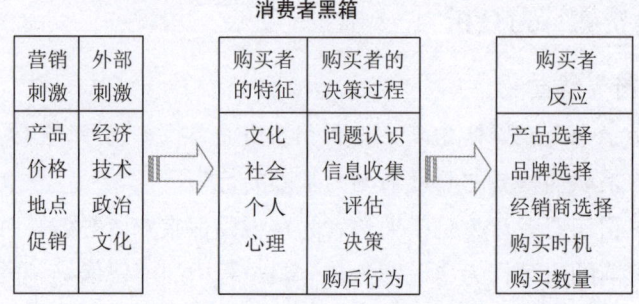

图8-2 消费者购买行为"刺激—反应"模型

1. 文化因素

文化、亚文化和社会阶层等文化因素对消费者的行为具有最广泛和深远的影响。文化是在人们社会实践中逐渐形成的，它包括人们的价值观念、伦理道德、风俗习惯、宗教信仰、语言文字等。每个人都生活在一定的文化氛围中，并深受这一文化所含价值观念、行为准则和风俗习惯的影响，这一影响也延伸到了他们的购买行为。民宿营销者应注重文化的发展变迁，因为同主导文化一致的商品普遍更被消费者所接受，并且某种文化的兴起往往会引发新产品的研究和革新。

亚文化和社会阶层文化也起着重要的影响作用。亚文化是某些群体所共有的独特价值体系，包括民族、宗教、种族和地域等，是企业的重要细分市场。经营者通常根据不同亚文化的特点进行营销设计，以满足不同需求。社会阶层与消费者的职位、收入、教育、财富等密切相关。通常，社会阶层相同的消费者具有相似的价值观、生活习惯和兴趣等，这也导致他们会有相似的购买行为。

2. 社会因素

消费者在特定的社会中工作和生活，其购买行为还会受相关群体、家庭等一系列社会因素的影响。

个人行为极易受相关群体的影响。同一个群体内的成员往往会相互影响，除此之外，消费者还容易受所在群体之外的参照群体的影响。例如，企业一般会选择流量较大的明星作为品牌代言人，以此带动粉丝消费。近年来随着社交网络的发展，网络上出现了许多影响力较大的网红，消费者通常会受其影响进行网红打卡。

家庭也是影响消费者行为的重要因素，家庭的结构、成员角色、生命周期等都会产生不同的影响。例如，刚结婚的年轻夫妇，在没有孩子时购买休闲娱乐产品较多，有了孩子之后则较多购买教育用品等。消费者行为还会因个人的角色地位变化而发生改变。每个人在不同的群体中都承担着不同的角色，处在不同的地位。例如，一个学生在学校时是学生，主要消费是学习用品、出行娱乐等；在实习单位是员工，主要消费是办公用品、工作服饰等。

3. 个人因素

个人的年龄、性别、经济情况等因素都会影响消费者行为。例如，年轻群体在购买服装配饰方面多追求个性、时尚，而较成熟的群体则较多追求品质、性价比。

性别也是消费者行为的影响因素。男性与女性的消费行为具有较大差异。成年男性消费多为理性消费，购买决定较谨慎，年轻男性在品类上多购买游戏、品牌鞋类等；而女性消费较为感性化，易受他人评论的影响，多购买服饰类。

个人的经济情况也会影响消费者行为。经济情况较好的消费者购买较果断，受促销等营销手段的影响较小，追求品牌时尚；而经济情况较差的消费者习惯于"货比三家"，对于折扣较敏感，追求高性价比。

4. 心理因素

消费者行为与动机、感知、学习、信念和态度四种心理因素密切相关。

消费者的购买行为本质上是为了满足个人物质和精神上的需求，这就构成了消费者的购买动机。有些是生理方面的，如饥饿、干渴；有些则是心理方面的，如归属、尊重等。个人的消费行为还取决于对外界的感知。消费者通过视觉、听觉、嗅觉、触觉和味觉接收外界的各种刺激，通过选择性关注、选择性曲解和选择性记忆产生不同的感知，从而影响消费行为。

学习是指由经验引起的个人行为的改变，是通过驱动、刺激、诱因、反应和强化间的相互作用而发生的。例如，消费者的购买想法会因为商品的价格、朋友的评价等诱因而变化；对于某个品牌的商品的使用感受较好，这种感受就会得到强化，下次购买时会倾向于相同的品牌。

消费者在实践中形成信念和态度，信念和态度又反作用于消费者行为。经营者通过品牌和口碑的塑造，影响消费者对其品牌的信念和态度，由此影响购买行为；有些信念或态度会导致消费者偏好某类产品，经营者就应进行重新定位或扩展。

二、民宿市场细分、选择及定位

面对复杂多变的大市场,任何一个企业都不可能满足全部消费者的需求,在这种情况下,企业必须实行目标市场战略,依据自身优势,选择某方面进行市场定位,开展营销活动。

(一)民宿市场细分

1. 市场细分的概念

市场细分的概念最早由美国市场学家温德尔·史密斯(Wendell R.Smith)在1956年提出,由美国营销学家菲利浦·科特勒(Philip kotler)发展完善形成了成熟的STP理论(包括市场细分、目标市场、市场定位)。市场细分是指在市场调研的基础上,根据消费者的需求、动机、消费行为、消费习惯的差异性,把整个市场划分为若干消费者群的市场分类过程。

市场细分能帮助营销者准确选择目标市场、制定营销策略,有助于及时发现市场机会、开拓新市场,有利于提高竞争力和经济效益。

2. 民宿市场细分的依据

由于年龄、性别、收入、社会地位、居住地区等因素的影响,不同的消费者会有不同的需求,这些不同的需求是民宿进行市场细分的依据,即"细分因素"。只有正确地选择细分因素,才能有效地细分民宿市场,为民宿找到理想的经营空间。在市场细分中常用的依据是地理细分、人口细分、心理细分和行为细分。

(1)地理细分

所谓地理细分,就是民宿按照消费者所在的地理位置以及其他地理因素(包括城市农村、地形气候、交通运输等)来细分消费者市场。

由于处在不同地理位置的消费者对民宿有明显不同的偏好,他们对民宿的价格、分销渠道、广告宣传等有明显不同的反应。

地理因素包括洲际、国别、区域、城乡、气候、城镇规模、交通运输条件、人口密度等一系列具体变量。

正所谓"一方水土养一方人",由于地理环境、气候条件、社会风俗和文化传统的影响,同一地区的消费者往往具有相似的消费需求,而不同地区的消费者在需求的内容和特点上都有着明显的差异。不仅如此,处于不同地理环境中的消费者对企业所采取的营销策略,如民宿的地理位置、装修风格、广告宣传等也会有不同的反应。

(2)人口细分

人口细分包括年龄、性别、收入水平、受教育程度、家庭规模、宗教信仰和种族等直接反映消费者自身特点的许多变量。人口变量长期以来一直是细分消费者市场的重要变量,这主要是因为人口变量比其他变量更容易测量。

不同年龄的顾客有不同的需求特点，如青年人选择民宿时，比较注重民宿的"颜值"，追求浪漫、唯美的装修风格，对民宿的空间和色彩比较讲究；中年人选择民宿时更加注重民宿的文化内涵和周围的环境等因素。

民宿需求因需求者的性别不同而产生明显的差异。一般来说，男性对民宿的房间设施并不特别敏感。但对于民宿的服务项目，如娱乐设施、酒吧服务等会较为重视；女性则注重民宿的地点、服务细节，如卫生、房间设计等，特别重视人身和财产的安全。

可自由支配的收入是入住民宿必不可少的条件，收入水平的高低直接影响消费的水平和消费结构，因此以收入来细分民宿市场具有实际意义。人们的收入往往与其职业、受教育程度是相互联系的，而社会阶层的划分，多以收入为基础，以职业为代表，以受教育程度为参考。尤其是在发达国家。因此，民宿经营者应综合分析人口因素的社会属性，并以此进行市场细分。

（3）心理细分

所谓心理细分是指按照消费者的生活方式、个性特征等心理因素来细分民宿市场。

生活方式是指一个人或群体对消费、工作和娱乐的特定习惯和倾向性的方式。生活方式不同的消费者对民宿旅游有着不同的需要；在营销实践中，民宿经营者可以设计与不同生活方式相适应的服务，并有针对性地安排民宿市场营销组合。

个性是指一个人比较稳定的心理倾向与心理特征，它会导致一个人对其所处的环境作出相对一致和持续不断的反应。通常个性会通过自信、自主、支配、顺从、保守、适应、冒险等性格特征表现出来。如精品民宿多吸引那些讲究生活质量、追求生活享受、具有艺术气质的顾客；民宿应努力使这些个性不同的顾客对本民宿服务产生兴趣，吸引他们进行消费。

（4）行为细分

所谓行为细分，就是民宿按照消费者的购买时机、频率、所追求的利益、服务的态度等行为因素来细分民宿市场。

民宿经营者可以抓住城市消费者喜欢利用小长假休闲旅游的需求，在国庆、五一、春节、中秋等小长假期间促进销售。民宿若以追求利益来细分市场，就必须使自己的民宿突出某种特性，并分别确定自己的形象，最大限度地吸引某一个或几个客户群体。

购买形式是指消费者购买民宿产品构成的组织形式和所通过的渠道形式。依据购买形式变量将市场细分为团体客和散客。

（二）民宿目标市场选择

市场细分的目的在于有效地选择并进入目标市场。所谓民宿目标市场，是民宿经营者决定要进入的那个市场，也就是在市场细分的基础上，根据自身特长想要为之服务的那部分顾客群体。通过市场细分，企业将整体市场划分为在需求上具有相似性的许多细分市场，民宿经营者要结合自身的优势和特点选择适当的细分市场作为本企业的目标市场。目标市场可以是市场细分后的某一个细分市场，也可以是多个，甚至是所有的细分市场。

从民宿目标市场的选择来看，民宿的目标市场范围宽窄不一，大小有别。针对不同的目标市场，民宿经营者可以采用不同的营销策略。归结起来有三种：无差异性市场营销策略、差异性市场营销策略和集中性市场营销策略。

1. 无差异性市场营销策略

无差异性市场策略是指民宿不考虑细分市场的差异将整个民宿市场视为民宿的目标市场，也称为整体市场策略。采用这种策略的民宿对整个旅游市场只提供种产品和服务，用以满足消费者共同的需求。民宿依靠大规模的宣传以便在人们头脑中树立其形象。

无差异性市场策略能够降低成本、简化市场调研及分析过程，容易形成垄断性名牌产品的声势和地位。但是，无差异性市场策略不能满足对目前日益增长的民宿多样化需求。

2. 差异性市场营销策略

差异性市场策略，就是民宿针对不同的细分市场，设计不同的产品，制定不同的营销策略，同时为几个甚至全部细分市场服务，以满足不同的消费需求。

但差异性市场策略并非完美无缺。由于民宿要针对不同市场推出不同的营销策略，往往导致民宿运营成本的上升。尤其是小型的民宿不适合采用这种策略。

3. 集中性市场营销策略

集中性目标市场策略，就是在市场细分的基础上，集中民宿所有资源和能力选择一个细分市场作为目标市场，实行高度专业化生产和销售，提高市场占有率。这种策略适合中小型或者初次进入市场的民宿经营者采用。

上述三种策略各有利弊，民宿经营者在进行决策时要具体分析消费者状况以及本自身特点。选定的目标市场应具有一定的规模和发展潜力，目标市场中按细分变量选择的细分市场应是每一细分层级中最具吸引力，最符合民宿发展目标和民宿经营者能力的市场。

（三）民宿市场定位

1. 民宿市场定位的定义

经过市场细分和目标市场的选择，民宿经营者终于确定了自己的经营空间和营销对象。为了使目标市场顾客能够非常容易地识别出本民宿产品，以便与竞争对手区别而形成自己独特的经营风格和做法，就需对民宿实行市场定位。

在数字化时代，市场会越来越细分，面对庞大的市场，消费者只会选择其中极小部分的市场。因此市场定位对于民宿经营者显得尤为重要。

民宿市场定位是指民宿经营者针对潜在顾客的心理进行营销设计，创立产品、品牌在目标客户心目中的某种形象或某种个性特征，保留深刻的印象和独特的位置，从而取得竞争优势。简而言之，民宿市场定位就是要设法建立一种竞争优势，在客户心目中树立独特的形象吸引更多的顾客。一个精准的市场定位能够帮助企业了解市场，发掘机会，打造更独特的品牌形象。

2. 民宿市场定位的步骤

市场定位要经过四个步骤：

（1）确定民宿的价值差异和竞争优势。

（2）选择恰当的竞争优势。

（3）制定整体的定位战略。

（4）向目标市场有效传达企业的定位。

3. 民宿市场定位的策略

民宿经营者目标市场定位的最终确定，必须是经过对自身、竞争对手作出客观评价和对消费者的需求有了全面分析后的抉择。从理论上讲，企业可选择的目标市场定位策略主要有三种。

（1）避强定位策略

避强定位是指民宿力图避免与目标市场上实力较强的民宿直接对抗。而将自己的民宿定位于另一市场区域内，使自己的服务在某些特征或属性方面与最强或较强的民宿有比较显著的区别。

（2）迎头定位策略

迎头定位策略是指民宿为占据最佳的市场位置，将自己的产品定位于市场上实力最强或较强的民宿的市场位置上。彼此在服务、价格、分销及促销等各方面进行竞争。

民宿经营者在使用上述两种基本策略制定某种具体的市场定位时，也要考虑本民宿自身的资源、竞争对手的可能反应、市场需求特征等因素。

（3）重新定位策略

随着市场环境的不断改变，民宿市场定位的实施效果可能并不是非常理想，或者发现了一些新的情况，如有新的竞争者进入同一目标市场、民宿原来的市场定位与顾客心目中该产品的形象不相符等，这就促使民宿不得不考虑对产品进行重新定位。另外，民宿的市场定位即使很适当，但在出现下列情况时也需要考虑重新定位：一是竞争者推出的民宿定位于本民宿产品的附近，侵占了本民宿品牌的部分市场，使本民宿产品的市场占有率有所下降；二是民宿消费者偏好发生变化，比如消费者原来偏好民宿的装修风格，而现在更多的消费者喜欢民宿所处自然生态环境和乡村文化，因此，民宿经营者在选址时就要考虑自然生态良好的区域。

民宿在一定意义上属于休闲旅游的范畴，消费群体大多数来自城市，他们通过住民宿的方式来找寻不一样的生活体验。例如，很多民宿需求者心中有个"归隐"梦：门前有水、屋后有山；早有鸡鸣，晚有炊烟。推开院门，一阵清风拂面而来，还夹杂着丝丝泥土的芬芳，沁人心脾，顿觉神清气爽……这就是民宿。针对这样的目标群体，民宿定位就可以以田园风光为依托，打造成"世外桃源"，吸引这一目标顾客群。

三、民宿数字化品牌传播

在民宿业发展过程中，品牌发挥着关键性的支撑作用，能够为民宿经营者带来商业价值，要想提高品牌的传播效率，就要跟上时代的步伐，应用数字化媒体进行大范围的品牌推广，将民宿自身的精神理念和倡导的生活方式传递给广大消费者。

（一）借助新技术，深挖民宿消费者需求

在数字化时代，民宿经营者应该以消费者为中心，充分借助数字化媒体时代的新思维、工具、技术等，全方位地对用户需求进行深入发掘，通过与他们互动交流，比如邀请他们参与民宿的选址、设计、装修、定价、促销等环节，共同打造品牌，与消费者建立连接关系，获得他们的品牌认同与忠诚，从而沉淀更多的忠实粉丝，提高品牌知名度及影响力。

（二）建立民宿品牌与消费者的情感共鸣

最持久的品牌是建立在人们心里的，根植于发自内心的认同。民宿品牌传播要了解消费者的思想，激发消费者的认同感，与消费者建立情感连接，增强消费者的信任与忠诚度，使之产生品牌共鸣。在数字化时代，每个人都是独立的"自媒体"。一位顾客因为住了令他满意的民宿，体验到了久违的安逸，获得了他的共鸣，捕捉到了他自我表达的需求，他就会主动去传播。

（三）做好文案策划，提炼品牌卖点

好的民宿品牌内容能吸引消费者对民宿产生兴趣。民宿经营者在策划品牌文案时，必须将产品的核心特点、核心优势凸显出来，提炼品牌卖点，传递民宿倡导的生活理念，增强消费者对民宿的了解，让民宿品牌走进他们的内心，主动参与其中，进行有效的口碑传播。

（四）借助社交平台实现多渠道传播

微信、微博、抖音、小红书等社会化媒体平台的快速崛起，为用户群体在社交圈内进行主动传播提供了落地基础。民宿经营者可以根据目标消费群体的个性化需求，定制品牌传播内容，进行精准投放，通过多渠道推广，提高品牌影响力。

项目二　民宿营销渠道

一、民宿营销渠道类型

通过有效的营销手段和合适的营销渠道，提升民宿的品牌影响力对民宿经营者来说至关重要，民宿推广一般有以下营销渠道。

（一）OTA平台

OTA的全称为Online Travel Agency，中文名为在线旅行社，即在线旅游。在OTA平台出现之前，消费者只能通过旅行社或直接到当地选择住宿。随着互联网科技和旅游业的发展，传统的旅行社销售模式已经转移到了网络平台上，顾客可以跨地区、跨时间、跨平台直接选择自己心仪的民宿入住。

简单地说，OTA就是在线旅行社，它和在线购物的电商平台并没有本质区别。如果把OTA平台比作电商平台，那么民宿经营者就是电商卖家，OTA在商家和消费者之间建立一条通路，打通彼此之间的阻隔。商家将产品挂在OTA平台上，顾客在这样一个网络平台上选择自己喜欢的商品，一旦下单成功，OTA就可以赚取相应的佣金。

目前常见的OTA平台有携程、去哪儿、同程、途家、美团、飞猪等，这些平台拉近了客户与民宿之间的距离，匹配了民宿和用户之间的需求。

从用户的角度，OTA的出现为消费者提供了更多的选择，丰富了日常的出行方式，消费者不再只是被动地接受服务，他们也可以在公共平台上对民宿作出反馈和评价。

从商家、供应商的角度，OTA的存在实际上拓宽了民宿的销售渠道，以往的民宿只能依靠线下获取客源，现在可以通过在线OTA平台在全国甚至全球范围内获取客源。

近年来，不少新开业的民宿都将OTA作为拓展客源的首选渠道。

（二）社交媒体

数字技术和设备的迅猛发展催生了数字营销社交媒体的产生。社交媒体是指消费者之间或消费者与企业之间分享文本、图片、音频和视频信息的一种方式，是人们彼此之间分享意见、观点、经验的工具和平台，现阶段主要包括微信、微博、博客、抖音、小红书等。民宿经营者可以通过美文、美图、短视频等从平台上获取人们的关注和传播。

1. 微信

微信是腾讯公司推出的一款移动端即时通信服务程序，既是一个消息系统又是一个交互系统。对于民宿来说，微信是一个很好的消费者沟通阵地。常见的微信营销方法有朋友圈和公众号。

（1）朋友圈

微信电商：朋友圈营销最早来源于微信电商，也就是微商，主要针对品牌认知度较低的快消类产品,如食品、化妆品、服装、鞋等,参与主体主要是小企业及一些独立的商户。

口碑分享:旨在引导用户将使用产品或享受服务的体验以及感兴趣的内容,如喜欢的音乐、看过的电影、购买的商品、住过的民宿等,通过微信平台分享至个人朋友圈,在满足用户口碑传播的同时,实现商品品牌的宣传。

(2)公众号

微信公众号是嵌入微信内部的为个人、企业和组织提供业务服务与用户管理能力的全新服务平台,从公众号的使用者角度可以分为订阅号、服务号以及企业号三种类型,其中个人只能申请订阅号,而企业可以申请任意类型的公众号。其中订阅号与服务号面向的用户是社会化用户群体,而企业号面向的是企业内部人员。

民宿在使用微信公众号营销时,民宿经营者首先要改变观念,做公众号的价值在于服务,为消费者提供有价值的内容,比如一些攻略、活动、某些特权或专属等,让内容更有吸引力。

以消费者服务为核心,用好品牌微信,可以为很多民宿品牌增加更多消费者价值。

2. 微博

微博是一个基于用户关系的信息分享、传播以及获取的平台。微博在短信息传播和社交领域应用非常广泛。微博营销更加具有针对性。粉丝因为某种偏好关注博主,而且基于对博主的信任,广告的营销价值更大。

微博的营销价值在于用户广泛、内容轻量,每逢周末和节假日,微博上都有吃喝玩乐的话题讨论。民宿经营者在采用微博营销时,应当建立起自己固定的消费群体,与粉丝多交流、多互动,多做企业宣传工作。以官微号与顾客联系、进行民宿宣传和产品营销。

民宿经营者在使用微博营销时,可以分为官方与用户两个方面。官方要建立民宿自己的标签,做到持续更新,发布言之有物、丰富精美的图文,激发消费者的兴趣。同时,用户端也要重视,更多的内容可以鼓励消费者和关键意见领袖(Key Opinion Leader,KOL)发布。消费者与KOL信任背书的价值与力量,远远大过官方平台的日常更新。

3. 博客

博客的正式名称为网络日记,是使用特定的软件,在网络上出版、发表和张贴个人文章的人,或者是一种通常由个人管理、不定期张贴新的文章的网站。博客上的文章通常以网页形式出现,可以是个人思想、观点、知识等在互联网上的共享。博客营销是通过增加企业信息的网络可见度实现品牌或产品推广,其优势主要表现:发文灵活、信任度高、影响力大,是一种低成本的推广方式。

民宿博客可以结合文字、图像、网站的链接,让读者以互动的方式留下意见,为读者提供有价值的内容。

4. 抖音

抖音，是由字节跳动孵化的一款音乐创意短视频社交软件。

2022年初数据显示，每天有6亿人活跃在抖音，或创作，或观看。这是个拥有巨大引力的磁场，吸引大众在这个平台上聚集。6亿人在做什么？当前的流行歌曲、舞蹈、流行语，很多出自抖音，这是6亿用户每天投票出来的内容。抖音本身以内容为主，通过强大的算法和推荐机制，给用户匹配不同的内容，每天都在创造流行，比如大众的审美、价值观、流行消费等，这些内容在一定程度上反映了当代普通人的审美与价值观，也影响了当代年轻人的生活方式。

民宿应该思考的是如何进入这一内容生态圈，让自己的品牌成为大众喜爱的一部分，勾起人们对美好生活的向往。民宿可以利用绝美的景色吸引大家的目光，也可以利用其独特的文化让人向往。

5. 小红书

小红书官方将自己定义为一个生活方式社区，但从商业价值的角度来看，这足以被称为一个"消费决策"平台，而且小红书与民宿产品的用户画像非常匹配。据2022年官方发布的数据显示，小红书月活跃用户已超过2亿，其中72%为90后，50%分布在一二线城市，共有超过4300万的分享者，其中男女用户比例为3∶7。年轻化、消费能力强劲是小红书平台用户最突出的特征之一。

民宿经营者要充分利用小红书平台，可以分享一些民宿美丽的风景，然后配上简单的文字，再加上一个简洁的、能引起人们注意的标题，巧妙使用一些符号来点缀，能起到非常好的效果。小红书平台的内容留存度非常高，比如一年前发的优质笔记，也会有人持续不断地点赞、收藏和咨询。民宿产品的推广不能求快，一定要持续，长期的沉淀会带来源源不断的流量。

（三）传统媒体

传统媒体包括电视、广播、报刊以及户外广告等。随着人们生活中经常接触到新媒体，传统媒体似乎逐渐被遗忘。事实上，传统媒体有着新媒体无可比拟的优势，传统媒体拥有专业化的新闻传播理念和运作机制，可以投入相当多的时间和精力进行更充分的采访、调研，从而作出更全面、更深刻的新闻报道。

这些传统媒体有一定的门槛，不像新媒体那样能够通过自己的努力去把它做大做强，但稀缺的资源才更有价值，民宿如果能通过此类传统媒体推广，可以提高民宿的可信度和知名度。

二、民宿营销渠道管理

（一）渠道传播效果评估

在数字化时代，人们将更倾向于相信那些与自己建立起个人关系的品牌，所以不同的媒体传播渠道所起到的作用也不同。

例如，与 OTA 平台合作最大的好处就是宣传曝光，起到引流、补充客源的作用；微信、微博、博客等这些高度个性化的社交媒体渠道能够有效增强用户对品牌的拥护度及忠诚度；传统媒体基于大众传播，覆盖面广，所以有助于建立品牌初期的知名度和影响力。

因此，对民宿传播的渠道效果评估显得很重要，尤其针对社交媒体，可以从以下几个方面进行综合评估。

1. 曝光率

曝光率即媒体传播的内容及信息产生了多大的覆盖率，有多少目标受众看到并关注。曝光率可以通过网站访问量、点击率、搜索率、转载率、回帖率等参数进行实时监测及定量评估。

2. 参与度

参与度指标是指衡量一个活动、项目或社交媒体平台的用户参与程度的指标。它可以帮助我们了解用户对于某个活动或平台的兴趣程度，以及用户对于该活动或平台的参与度。参与度可以通过网络登录、用户注册、互相关注、回帖、跟帖、转发等具体参数进行定量评估。

3. 影响力

影响力指传播渠道多大程度影响了目标受众和参与者的态度、认知乃至消费行为。对传播影响力的评估需要在长期、系统化的范畴里持续进行，以对目标受众及参与者的言论、态度、行为等进行长期、持续的监测和定性分析。

4. 行动力

行动力是衡量传播如何激发目标受众并将其关注度、影响力转化为最终的购买行为的参数，这是评估传播核心价值及其投入产出比的终极体现。行动力的计量可以通过由电子商务产生的网络订购、团购或者与线上联动的线下购买行为的统计等方式进行定量评估。

（二）渠道调整与完善

据一项民宿消费调查显示，市场上 90% 的民宿是通过 OTA 平台上进行推广的，效果非常明显，既能保证一定的客流量，又不用费心费力，虽然不会客如云来，至少还不至于门可罗雀。那么这是不是意味着民宿主要依赖于 OTA 平台呢？答案当然不是。

OTA 渠道需要做，自有渠道也一定要有。随着社交媒体平台的不断发展壮大，其信息传播的力量不容忽视，民宿也应抓住这一部分客源。OTA 平台是一个很好的工具，管理者可以借助 OTA 平台上的一些数据，对自有渠道进行补充，分析客源的喜好、消费习惯、预订习惯、分析客户群体结构等，这些信息的掌握，有利于提高客户的转化率。

当然，除了线上 OTA、社交媒体平台、传统媒体等宣传之外，线下门店也发挥着重要作用。民宿经营者利用以上渠道与消费者沟通的过程中，用户思维非常关键，一定要充分挖掘主流消费群体的需求、意愿及喜好习惯等，投其所好，从而达到维护民宿的自有渠道，建立自己的销售体系。

项目三　民宿数字化客户关系管理

在多变、不确定的数字化时代，捕捉客户的需求和消费习惯，民宿经营者需要借助动态的客户关系管理系统，将客户在各种信息通道和场景下的动作留痕，积累、分析、提炼各类客户数据，实施动态个性化的客户定制服务，以取得理想的顾客满意度和忠诚度。

一、客户关系管理概述

（一）客户关系管理的定义

客户关系管理（Customer Relationship Management，CRM）是基于关系营销的观点，对于 CRM 的定义，由于研究目的和角度的不同也各自有着不同的解读。从管理学角度，CRM 可以解释为一种以客户为中心的商业和经营策略，企业实施以客户为中心的经营行为和业务流程，与客户建立长期、稳定和相互信赖的关系，通过不断提升产品性能、服务质量和客户满意度，进而提升企业竞争力和盈利能力。

随着数字经济的到来，新型的客户关系是以消费者需求为导向，依靠现代化信息技术，以数据为核心建立用户画像，为消费者提供个性化的服务，更准确地将内容、产品呈现在需要的消费者面前，以提高客户忠诚度和吸引新的消费者。

（二）社交化客户关系管理的概念

随着市场上社交媒体数量的增多及客户对其体验、品牌忠诚度等企业关键绩效指标产生越来越重要的影响，基于社交媒体的社交化客户关系管理（Social Customer Relationship Management，SCRM）逐渐发展成新的热门主题。客户关系管理之父保罗·格林伯格（Paul Greenbery）在 2009 年对 SCRM 进行了定义，他指出，SCRM 是处于充满信任、透明的商业环境中，基于商业规则、社交化、技术平台以及工作流程的特征，旨在使消费者参与合作性互动当中，从而为双方创造价值的一种商业战略或客户经营哲学。

SCRM 将社交媒体与客户关系管理结合在一起，体现了企业对客户主导权的一种认同。凭借社交媒体，企业能够在网络上公开发声、塑造网络形象和声誉，通过沟通互动与客户建立起紧密联系，以个性化服务来吸引和挽留更多客户。

（三）SCRM 与 CRM 的区别

作为一种新型客户关系管理，SCRM 与传统的客户关系管理并非一般意义上的替代关系。而是对传统的客户关系管理的补充和拓展。

SCRM 与 CRM 的区别主要体现在管理目标、企业与客户关系、沟通渠道、沟通方式、使用工具等方面。

在管理目标上，SCRM 以客户互动为中心，客户需求就是企业的目标；CRM 则以企业利益和营销管理为导向，客户需求仅为其中的一部分。

在企业与客户关系方面，SCRM 注重合作且互动，着重于所有的互动关系；而 CRM 多为主从关系，着重于企业和客户的关系。

在沟通渠道方面，SCRM 基于客户的全渠道；CRM 基于业务的定制渠道。

在使用工具上，SCRM 整合社群媒体工具；CRM 只是使用内部系统。

总结以上几个方面，可以看出 SCRM 和传统 CRM 的主要区别在于传统 CRM 是企业主导的以销售为导向而进行内部业务流程优化和对客户进行单向沟通的管理模式，而 SCRM 是以客户互动关系为导向，通过社交媒体影响客户，与客户建立双向沟通关系，最终实现价值共创的管理模式。

二、数字化时代民宿客户关系管理面临的问题

（一）消费数据泄露与隐私安全问题

随着客户与民宿之间的数字化互动不断推进，客户对民宿的安全期望值显著提高，对网络安全风险的认识和担忧不断上升，无线网络、移动应用、应用程序积累的客户大数据等安全风险都是客户最担心的问题。

（二）OTA 与社交媒体平台竞争激烈

民宿与 OTA 之间的关系随着外部经营环境和经济发展状况的改变而在持续变革中。很多 OTA 巨头，持续培养顾客的消费习惯，抢占民宿市场份额，并向民宿收取高昂佣金。它们通过不断完善和推出移动定位服务、移动支付、移动信息服务、语音搜索、位置服务、个性化推送、信息互动服务等个性化的服务，持续引导和改变客户的预订习惯，并让预订变得越来越方便快捷。

一项市场调查显示，在我国平均每 100 位客人中，大约有 65 人通过 OTA 平台来搜寻民宿信息，紧随其后的是社交媒体平台，占 61%，这个比例一定要引起足够的重视。

（三）对客户体验的重视度不足

在今天的数字化时代，企业和客户之间的接触点呈现爆发式的增长，客户从产生想

法到参与到购买,会跨越各种各样的接触点,因此客户体验是客户跨渠道、全流程、全接触点与企业互动后形成的整体感觉。比如有些客户在平台上搜索民宿信息时,遇到问题的第一反应不是查询具体详细信息,而是通过在线对话工具向商家客服咨询,有些民宿经营者就借助自动回复系统展开在线回复,给顾客留下冷冰冰的体验。这样敷衍了事的回复,不仅会导致客人不满,还会让民宿形象受损。

三、民宿数字化客户关系管理的策略

数字化时代,大数据、人工智能、物联网等信息技术越发展,客户关系管理对民宿业的经营发展就越重要。当下,民宿业应对种种问题和挑战,研究数字化时代如何有效开展客户关系管理则成了最核心的工作。

(一)改进客户关系管理信息系统

民宿经营者需要根据市场竞争环境、内部管理环境的变化而适时地调整 CRM 系统的模块和内容。改进的客户关系管理信息系统要将客户、民宿官网、民宿管理系统、OTA、互联网、社交媒体平台等连通,形成一个能实时进行网络信息沟通互动的闭环,通过完善的 CRM 系统收集关键顾客消费信息,对顾客信息进行分析,找到重点顾客消费习惯、消费能力、个性化需求以及流失概率等关键结论,基于此制定有效的营销方案以及客户挽留政策,提升顾客忠诚度,降低顾客流失率。最终实现提升整体 CRM 管理水平的目的。

(二)努力提升 OTA 客户的转化率

OTA 平台能为民宿提供详细的数据,包括流量、转化率、推广效果、客户数据、竞争对手数据,民宿经营者可以借助 OTA 平台海量的数据,对消费者需求进行定位分析,有针对性地制定出个性化的营销和服务策略,通过 OTA 平台预订的客户转化成民宿的忠诚计划会员,引导其通过民宿的预订通道进行直订。

(三)致力于定制化的客户体验

一项研究表明,84% 的旅客表示对民宿个性化的客户体验十分看重。个性化服务对商务旅客而言极具价值,许多商务旅客都在寻求满足其差旅需求的定制化民宿体验。

然而,民宿营销推广的广泛性使得渠道间并没有打通,导致了客户获得不一致的服务体验,降低了客户体验的满意度。民宿经营者借助大数据技术,可将客户的体验可视化呈现,逐一消除不一致的触点,为客户提供统一一致的服务体验,传递统一的品牌形象,有针对性地进行精准营销、个性化运营,真正发挥服务的价值,提升用户体验。

(四)重视与顾客开展动态的沟通

在民宿与客户的沟通过程中,一定要找到客户想要的与民宿沟通的方式,重视客户的点评与互动,及时响应客人。民宿经营者通过客户关系管理系统及时了解用户的痛点、痒点、爽点,以此不断优化和迭代自身的产品和服务。在与客户交互的过程中,积

累客户数据和客户知识，利用大数据分析和对客户知识的提炼升华，实时把握客户的消费趋势、需求动机和关注热点，以此不断创造新的客户价值，实现个性化定制的用户体验。围绕用户进行产品和服务优化，形成一个循序渐进的螺旋式上升的动态客户关系管理模型。

【相关链接】

数字化赋能，民宿的大时代来了[①]

随着人工智能、5G、物联网等科技领域的技术发展，科技赋能美好生活，人们已经从各个渠道、场景逐渐感受到智慧化生活的便捷。尤其是后疫情时代，人们对于品质生活有了更高的要求，消费场景正在被重塑，各行业的服务观念也转变为数字化、智慧化、定制化。对文旅民宿行业来说，数字化、品牌化转型升级更是逐渐成为应对新形势下激烈市场竞争的重要一环。

民宿门店同质化，无法满足用户需求；收入结构单一，依靠单一房源收入；运营服务能力有限，门店经营成本高、利润低……针对上述这些民宿发展的问题困境，旅悦集团发表题为《大数据智能赋能文旅民宿》，深入解读了如何利用大数据赋能文旅民宿新业态。

数字化内外循环，双轮驱动

民宿经营者运营服务能力有限，经营成本高，营销能力差，不懂OTA及社交媒体营销，传统岗位人才跟不上新兴职业需求等问题的背后，实质都是传统民宿行业数字化转型的必然要求。旅悦集团相关负责人告诉记者："新形势下，文旅民宿产业正在被重构，数字化转型不仅能从内部对传统民宿产业进行提质升级，更能融合外部资源打造文旅民宿融合的新生态。"

数字化内外循环，将极大限度地帮助民宿经营者解决现有的经营困境。任何一家民宿，我们都可以从大数据的角度分析该民宿投资相对失败的原因。"以一家开在成都某地民宿为例，这家门店选址在水边，但通过旅悦阿拉丁全球智能选址系统分析热力图，可以清楚看到在流量、预订客流方面，这里目前不是住宿消费的主流，更容易受夏天雨季降水的影响。"旅悦集团相关负责人说。

"集团的XPMS智能管理系统，不仅能帮助门店优化开发、获客、日常运营、门店装修升级等多个维度，有效降低经营成本；更能从外部对民宿本体、周边及城市整体，包括外网点评、流量价格、民宿动态等实时监控，一站掌握所有数据动态，为民宿制定销售策略提供有效支持，实现双轮驱动，优化经营成本，提升营销能力。"

---

① 资料来源：文山书院.旅悦集团：数字化赋能文旅民宿行业升级转型，民宿的大时代来了［EB/OL］.（2023-05-24）.http：//www.360doc.com/content/23/0524/08/1081901755_1081901755.shtml

品牌化强运营推动，全渠道升级

2021年，随着民宿市场的爆发，消费者对于民宿的卫生、安全、特色以及预订的便捷等服务需求越来越高。正如旅悦集团相关负责人所言："在这一行业发展趋势下，民宿行业需要品牌化和数字化。"

个性化的消费趋势转变，使得各行业都更加注重品牌化运营，而个性化的品牌IP展示，则推动运营从内容、形式等多维度升级裂变。也因如此，如何有效整合线上、线下全渠道的融合升级，成为民宿运营的又一个新的挑战。

从开发到运营，民宿应在定位、规划、挖掘、包装、管理、销售等方面有一套成熟完整的体系。例如以大数据为依托，通过精细化数字运营，帮助民宿经营者解决了同质化难题，同时，还通过品牌化强运营的推动，触达全渠道服务升级，把"场景、内容、人"产品化、科技化。

主打景区目的地民宿市场，运营数据要持续突破，就要将智能化定位、景区综合数据作为参考，以当地特色风景为依托进行品牌化运营，给人以住在"景区"的体验，让消费场景与特色文化风俗相结合。与此同时，通过打造一系列"民宿+体验"的文旅产品，将消费者满意的住宿体验落成为线上传播的高分口碑，通过品牌化运营形成口碑到流量的良性转化，变线上流量为客流，引导有效供给，增加门店收益。

大数据赋能，全链路效率提升

什么是赋能，又如何赋能？赋能就是在投资的每一个环节和经营的每一个环节为你带来价值。利用极其丰富的前端数据，提升中后台的敏捷性效率，将大数据赋能到民宿经营的全链路之中。

例如旅悦XPMS智能管理系统，同样是赋能方式的关键。这一系统涵盖了经营所需全部业务需求，并着重强调对市场环境、经营管理、房态房价、外网点评等核心数据的监控，为智慧化管理赋能。同时，这一系统通过科技手段，对布草、用品及房态作出智能化管理，可视化工作清单也在很大程度上节约人力，在降本增效的同时，也让顾客满意度快速提升。

通过精细化数据运营全链路提升运营效率、服务效率、营销效率，将资源合理利用，这样才能打破数据壁垒，真正地让数据赋能于民宿，服务于消费者，而让消费者满意、满足，形成良性循环，才能为经营者带来更多的收益。

未来，民宿应继续发挥数字化、品牌化方面的优势，以消费者为中心，以互联网+品牌运营为依托，辅助经营者智能决策，不断探索优化消费场景，多维度为文旅民宿新生态赋能。

【拓展知识】

打造特色民宿　助力乡村振兴[①]

只有把乡土风貌、特色文化与现代旅游需求有机结合起来，才能使乡村民宿更有人情味，让游客旅行更有记忆点。

习近平总书记指出："依托丰富的红色文化资源和绿色生态资源发展乡村旅游，搞活了农村经济，是振兴乡村的好做法。"作为发展乡村旅游的有效切入点，乡村民宿大有可为。近年来，从北京怀柔区颁布奖励办法、出台等级标准，使得各类乡村民宿快速涌现，到浙江瑞安市强化政策激励、激活投资主体，推动民宿向产业集群发展，多地相继出台鼓励发展政策，促进乡村民宿健康有序发展。

作为一种非标准住宿业态，乡村民宿在设计、装修上注重个性，在服务、体验上强调人情味，让游客更容易感受到温馨、舒适与放松。近年来，国内周边游，尤其是乡村游，成为不少人出行休闲的首选。数据显示，今年"五一"假期，某旅游出行服务平台乡村民宿预订量同比增长超220%，增速超过酒店。当乡村旅游逐渐成为新潮流，如何做好乡村民宿这一重要体验产品，激发乡村旅游市场更大发展动能，成为新的课题。

乡村民宿有别于传统酒店、宾馆，也不同于一般的农家乐。除了硬件设施、基本服务，乡村民宿本身所体现的文化特质、所蕴含的风土气息，是游客较为看重的。一栋栋矗立在乡间的建筑，不只是调适身体、放飞心灵的休闲驿站，更是观察自然变化、感受乡村文化的重要窗口。福建厦门的红砖古厝，安徽黄山的粉墙黛瓦……那些保留地方传统肌理又考虑现代生活需要的乡村民宿，顺应自然山水格局，彰显乡村古朴之美，因此也更容易吸引游客前来打卡。可以说，以科学规划、精心设计、合理建造展现乡村风貌，充分满足游客远观风景、近享闲适的诉求，使民宿融入乡村整体环境，实现与当地生态、文化协调发展的必然选择。

让特色民宿点亮美丽乡村，离不开多种多样的经营模式、应需而变的服务方式。无论哪种类型的乡村民宿，其实都可以依托独特的自然、人文资源优势，丰富游客体验、创新个性化旅游服务。在云南迪庆藏族自治州，游客跟着民宿管家饱览滇西北美景的同时，还可以亲手绘制藏式木碗、做一扇豆腐；在浙江湖州，很多乡村民宿不仅供应当地美食，而且提供水果采摘、徒步采风、旅游摄影等体验项目……乡村民宿发展实践表明，只有把乡土风貌、特色文化与现代旅游需求有机结合起来，才能使乡村民宿更有人情味，让游客旅行更有记忆点。

"民宿经营与当地发展相辅相成。没有乡村整体的振兴，就没有民宿的持续发展。"

[①] 资料来源：人民网.打造特色民宿　助力乡村振兴［EB/OL］.（2021-09-06）.https://baijiahao.baidu.com/s?id=1710102334600677168&wfr=spider&for=pc

一位乡村民宿从业者的感慨，道出了两者的内在联系。有计划、有步骤地引入资本、人才发展乡村民宿，能够更好促进乡村旅游消费、激发乡村发展活力。各级政府需要在强化规划引领、完善配套设施、提升服务水平、加强规范管理等方面下更大功夫，为民宿发展提供更多针对性支持和帮助，推动乡村旅游成为乡村振兴的重要引擎。

乡村民宿的发展，契合了现代人远离喧嚣、亲近自然、寻味乡愁的美好追求，具有撬动乡村旅游的支点作用。期待未来的乡村民宿产业，继续深挖当地生态、文化资源，更好满足广大游客个性化、多样化消费需求，让农民更多分享产业增值收益，为乡村振兴注入新的活力。

【本章小结】

数字化时代的信息传播便捷快速，文娱产品种类繁多，消费者思想观念转变，对于个性化消费的追求愈加明显。对民宿行业来说，找准市场定位，让产品不平庸，有亮点，打造差异化至关重要，数字化、品牌化营销也成为应对新形势下激烈市场竞争的重要一环。

数字化媒体越来越成为民宿数字营销的主战场，营销推广的形式也越来越丰富，面对多样化的渠道选择，民宿经营者需要优化渠道组合，提升用户价值，从而实现渠道利润最大化。

数字经济时代，民宿经营者需要利用数据思维，改进客户关系管理系统，建立数据分析体系，实施动态个性化的客户定制服务，提高顾客满意度和忠诚度。通过精细化数据运营提升运营效率、服务效率、营销效率，将资源合理利用，这样才能打破数据壁垒，真正地让数据赋能于民宿，服务于消费者，让消费者满意，形成良性循环，带来更多的收益。

【思考与练习】

1. 问答题

（1）影响消费者行为的主要因素有哪些？

（2）民宿市场细分的依据有哪些？

（3）什么是民宿市场定位？

（4）民宿营销渠道包括哪些？

（5）什么是社交化客户关系管理？

2. 论述题

试述数字化时代下民宿如何进行品牌传播。

参考文献

［1］彭英.人工智能营销［M］.北京：清华大学出版社，2022.

［2］谭玉芳，张海超.手把手教你开民宿［M］.武汉：华中科技大学出版社，2021.

［3］魏燕梅.衢州BS民宿企业市场定位及营销策略建议［D］.浙江工商大学，2021.

［4］王书侠.数字化时代酒店客户关系管理研究［J］.语言与文化论坛，2021.

［5］张莉.基于"用户画像"的精准营销策略研究［J］.现代营销，2020.

［6］韩笑.新媒体传播效果评估［J］.国际公关，2011.

［7］王靖杰.数字化品牌运营［M］.北京：人民邮电出版社，2018.

［8］刘荣.民宿养成指南［M］.南京：江苏凤凰科学技术出版社，2018.